AF452512

LUDOVIC TRARIEUX

Cinq Plaidoiries

L'Union Générale

L'Affaire Chambige — Le Procès Raynal

Le Procès de la Ligue des Droits de l'Homme

Le Procès de Gyp

PARIS

SOCIÉTÉ NOUVELLE DE LIBRAIRIE & D'ÉDITION

17, Rue Cujas, 17

1903

CINQ PLAIDOIRIES

Au Barreau de Bordeaux,

En publiant ce livre, ma pensée remonte aux jeunes années où mon esprit s'est formé et affermi, où mon éducation juridique s'est achevée au sein de ce grand barreau qui me fournissait de si beaux exemples :

Les Girondins,

Lainé,

Martignac,

Les Brochon,

Lagarde, le girondin de 1848.

Si j'ai, d'assez bonne heure, pris au milieu des successeurs de ces grands devanciers une position assez importante pour devenir Bâtonnier de mon ordre à l'âge de 36 ans, je le dois à la noble ambition que m'avait inspirée l'honneur de soutenir, s'il m'était possible, de glorieuses traditions, et je remercie du fond du cœur ceux de mes contemporains qui m'aidèrent, par des sentiments d'estime et d'affection, à vaincre les difficultés d'une carrière qui exige beaucoup de travail, de bonne volonté et de désintéressement.

Ces témoignages, je les ai reçus un jour, en des termes qu'il me sera permis de rappeler, le jour où, après mon élection à la députation, je transférai à Paris mon exercice professionnel.

Henry Brochon, un ami qui me fut très cher, un des maîtres de l'Ordre de Bordeaux, et le continuateur des traditions de ses grands parents Louis et Guillaume Brochon, m'adressa la lettre d'adieu suivante :

Bordeaux, le 14 décembre 1881.

Mon très cher et très honoré confrère,

Je vous envoie le certificat que vous m'avez demandé et qui vous est nécessaire pour votre inscription au barreau de Paris.

Je n'ai pas voulu répondre à votre lettre avant de l'avoir communiquée au Conseil.

Votre résolution, bien que prévue, lui a inspiré les plus sincères et les plus sympathiques regrets, et il a décidé que l'expression en demeurerait inscrite sur le registre de l'Ordre, en même temps que votre lettre y serait insérée.

Le Conseil a voulu par là vous donner la preuve, non seulement de sa haute et cordiale estime, mais encore de la tristesse véritable avec laquelle il vous a vu vous séparer de ce barreau bordelais dont vous avez eu l'honneur d'être le chef et où vous aviez su conquérir une si belle place par votre talent et par votre caractère.

Je n'ai pas besoin de vous dire de quel cœur je me suis associé à ces sentiments unanimes !

Veuillez agréer, mon très cher et très honoré confrère, l'assurance de mon amitié dévouée.

Henry BROCHON,
Bâtonnier.

Ces éloges se sentaient sans doute d'une amitié trop facilement indulgente, ils n'en réveillent pas moins chez moi de bons souvenirs et des émotions ineffaçables.

Au Barreau de Paris.

*Je ne puis oublier qu'en quittant Bordeaux,
j'ai trouvé au Barreau de Paris une seconde
Patrie. Je lui dois une vive reconnaissance
de l'hospitalité qu'il m'a offerte, et il y aurait ingratitude à ne pas lui dédier le re-
cueil de plaidoiries qui ont toutes été prononcées depuis que j'en suis devenu membre.*

*Je tiens à rappeler les noms de ceux qui
m'y firent le meilleur accueil et qui m'y ont
rendu les plus grands services.*

*Je réunis ici, dans une même pensée
d'affectueuse sympathie, M. Barboux, baton-
nier de l'Ordre, lorsque j'eus à solliciter
mon inscription au tableau; Bétolaud, mon
illustre confrère, dont la personne inspirait
à ses familiers eux-mêmes autant de respect.
qu'à ses adversaires sa dialectique causait
d'effroi; Allou, avocat admirable, un des
plus grands depuis Berryer, dont l'élo-
quence souveraine avait la spontanéité d'une
force de la nature, plus tard mon confrère
au Sénat; Cresson, enfin, ami dévoué, connu*

de tous les Parisiens pour son attitude courageuse de Préfet de Police pendant la
Commune, estimé de tout le barreau pour
sa haute raison, son caractère, son désintéressement, sa bonté.

A mes fils et fille
Gabriel et Jean Trarieux
Lucie Georges Haviland,

J'ai voulu, mes chers enfants, en publiant ce livre, vous conserver le souvenir de ma vie dans ses années peut-être les plus fécondes de travail, celles où j'ai appris, dans la grande École du barreau, le culte de la Justice et l'amour du Droit.

Les cinq plaidoiries que je publie ne sont qu'une bien faible partie de mon travail professionnel, mais elles ont le mérite de s'appliquer chacune à des sujets différents et de résumer, dans leur ensemble, toutes les matières qu'embrassent nos services judiciaires.

Dans la première, vous trouverez les luttes d'intérêts qui peuvent, lorsqu'elles prennent certaines proportions, atteindre les hauteurs du drame. Il s'agit là de la faillite de l'Union générale, qui fut une si grave cause de trouble que le crédit public eut longtemps à en souffrir.

Jamais je ne plaidai pour obtenir des résultats aussi considérables. Nous fîmes rapporter cent millions à la masse, ce qui permit au syndic Heurtey de payer aux créanciers 70 % et empêcha un procès sans précédent de dégénérer en désastre.

Dans le second plaidoyer, il s'agit de l'affaire Chambige, cette tragédie effroyable qui eut son dénouement à la cour d'assises de Constantine après avoir soulevé les passions en Algérie et déchaîné des polémiques véhémentes dans la Presse littéraire de la métropole.

Vous lirez là une histoire qui dépasse, par l'intensité des passions et les émotions qui s'en dégagent, les drames les plus poignants qui se soient déroulés devant les tribunaux.

Le procès Raynal contre Denayrouse fait apparaître ce que peuvent être les haines politiques quand, recourant à l'injure et à la calomnie, elles poursuivent de leurs fureurs un adversaire qu'on veut perdre, mais qui n'était pas, dans cette occasion, homme à se laisser abattre, et qui devait sortir grandi de l'épreuve.

Ce sont mes amis de la Ligue des droits de l'homme qui sont en cause dans la qua-

trième affaire. J'ai eu l'honneur insigne d'y
assister un ami que je vénère, Duclaux,
digne successeur de Pasteur. Nous avions à
nous défendre contre les fourberies d'un premier ministre qui, après avoir violé les lois
de la conscience, créé de nouvelles peines
pour mieux châtier un innocent, a dessaisi
des juges légaux sur le point de rendre
leur jugement, pour les remplacer par
des magistrats dont on escomptait les
complaisances. Heureusement que, cette fois,
la justice sut résister à l'oppression d'une
tyrannie dont il fallait avoir raison, et
ce ne sont pas les accusés qui sortirent
humiliés de l'audience, ce fut l'homme
qui s'était piqué d'émulation pour ne pas
rester en arrière d'un prédécesseur devenu,
lui, fâcheusement illustre par ses faiblesses
envers des faussaires.

Enfin, il s'agit dans la dernière plaidoirie d'un duel assez inattendu, ma rencontre
avec Mme de Martel, plus connue sous le
nom de Gyp.

Je n'eus pas de peine à faire justice de
calomnies ingénieuses dont il importait
d'effacer la trace.

Vous lirez, mes chers enfants, ces souvenirs
que compléteront, dans d'autres recueils,

d'autres débats retentissants, où, comme témoin, votre père eut à dénoncer des faussaires préparant leurs crimes devant la Justice elle-même pour écraser une malheureuse victime, une victime que nous leur avons arrachée, malgré l'égarement d'une foule affolée par les cris de « à mort les Juifs! »

Votre père.

J'aurais été ingrat en te passant sous silence. Il était difficile de ne pas te voir à mon côté quand, dans ma pensée, tu occupes la première place.

Je dois un mot aussi à notre chère et charmante Lucie qui est un des liens les plus tendres qui nous unissent. Elle a complété notre bonheur de famille quand, en se mariant avec George Haviland, elle nous a donné un troisième fils.

UNION GÉNÉRALE

PREMIÈRE CHAMBRE DE LA COUR D'APPEL DE PARIS

Plaidoirie pour M. Heurtey, syndic de la faillite.

Messieurs,

Les détails et les complications de cette affaire, l'importance même de son objet m'obligeront à entrer dans certains développements que je regrette de ne pouvoir vous épargner, mais pour lesquels je n'ai pas besoin, je le sais, de faire d'avance appel à votre indulgence. Toutes les plaidoiries que vous avez entendues jusqu'ici ont, plus ou moins, dirigé leurs efforts contre la masse des créanciers de l'*Union générale* pour lesquels j'ai l'honneur de me présenter à votre barre. Vous trouverez juste de m'accorder, à présent, l'attention bienveillante qui m'est nécessaire pour m'expliquer, à mon

tour, sur les divers systèmes qui vous ont
été présentés, pour réfuter les nombreuses
objections qui ont été faites au jugement que
je viens défendre, pour justifier, enfin, les
solutions que je vous propose d'accueillir et
contre lesquelles on ne me paraît avoir élevé
que de pures confusions ou de véritables
équivoques. Malgré l'ampleur de cette tâche,
je m'efforcerai, cependant, de ne pas trop
ajouter à la fatigue bien naturelle que vous
devez ressentir après d'aussi longs débats, et,
pour cela, je tâcherai de vous éviter toute
inutile redite et de renfermer ma discussion
dans les limites les plus étroites et dans les
termes les plus précis.

Tout d'abord, je crois pouvoir considérer
comme certain que vous connaissez à fond
les faits sur lesquels cette discussion doit
porter. Je n'en reprendrai donc pas l'exposé,
qui deviendrait, à cette heure, abusif. J'aurai
peut-être bien quelques rectifications à apporter au récit de quelques-uns de mes contradicteurs ; j'aurai aussi, sans doute, quelques
renseignements nouveaux à vous fournir, que
la qualité de mon client lui impose. Mais ces
rectifications et ces renseignements viendront
naturellement à leur place, à mesure que se
dérouleront les questions auxquelles ils peu-

vent se rattacher. Je désire simplement,
avant d'entrer en matière, vous rappeler ces
questions, dans l'ordre logique où je crois
devoir les examiner, comme pour vous fixer
d'avance sur les étapes successives de la longue route que nous avons à parcourir ensemble.

La première difficulté sur laquelle j'aurai
à m'expliquer sera relative au point de savoir
quel doit être le sort de la souscription ouverte,
le 5 novembre 1881, pour l'augmentation du
capital social de l'*Union générale*. Cette souscription a-t-elle été régulière et légale, ou
est-elle entachée de nullité ? J'aurai, sur cette
question maîtresse, à répondre à la plaidoirie
de mon confrère M⁰ Rousset.

Étant admis que cette souscription soit
nulle, quelles doivent être les conséquences
de cette nullité vis-à-vis de la faillite que je
représente ? Je me trouverai, à cet égard, en
présence des objections que m'a opposées
M⁰ Barboux, et des conclusions nouvelles de
M⁰ Durier.

Les droits de la faillite une fois dégagés
en principe, j'examinerai si les porteurs d'actions anciennes ne restent pas débiteurs sur
chacun de leurs titres d'une somme de 250 fr.
C'est avec M⁰ Ameline que je devrai, dans
cette partie, m'expliquer ; et à cette question

se rattachera tout naturellement la prétention
subsidiaire soutenue par M. le liquidateur
Richardière, qui voudrait, au moins, que les
porteurs d'actions anciennes fussent admis à
appliquer à la libération de ces actions, les
100 francs représentant la réserve extraordinaire prélevée sur les 850 francs de la souscription pour l'augmentation du capital.

J'aborderai enfin, en terminant, un autre
ordre d'idées, et je donnerai mon opinion
sur les suites qu'il convient d'attribuer aux
ventes d'actions nouvelles à l'émission, qui
ont été traitées en coulisse. Ici, je ferai cause
commune avec la plupart des intervenants
contre nos adversaires communs, Mes Clausel
de Coussergues et Martini, avocats de MM. Car-
rey et Leclanché et Pireyre-Bornet et Compagnie.

Mon cadre ainsi tracé, j'en aborde immédiatement la première partie : Est-ce que
l'augmentation du capital social de l'*Union
générale*, décidée dans l'Assemblée du 5 novembre 1881, a été réalisée conformément
aux prescriptions de la loi de 1867 et doit
être déclarée valable, ou bien s'est-elle accomplie dans des conditions illégales, et a-t-on
eu raison d'en demander la nullité ?

Quelques mots d'explication me sont, tout

d'abord, nécessaires, pour vous bien faire comprendre les raisons qui justifient l'attitude de
M. Heurtey dans le débat de cette importante question.

Lorsqu'au lendemain de l'effondrement de
l'*Union générale*, on a voulu examiner de
quelle manière on avait successivement procédé à l'augmentation de son capital, en 1879,
en 1880 et en 1881, on s'est aperçu qu'il avait
été commis, à l'occasion de ces trois augmentations, des irrégularités irréparables ; mais
c'est surtout la dernière de ces augmentations
qui a fixé l'attention du public. La faillite
était, en effet, venue surprendre les divers
souscripteurs qui avaient concouru à cette
augmentation finale du capital de l'*Union*,
avant que les intérêts qui s'y trouvaient
engagés eussent eu le temps d'être liquidés,
et la diversité de ces intérêts devait provoquer des antagonismes forcés sur l'appréciation des suites à donner aux opérations conclues. De là vint que des plaideurs, en
apparence unis par le lien d'engagements
communs, prirent immédiatement devant la
justice une position différente. On vit, à la
fois, un premier groupe de souscripteurs à
l'augmentation du capital social de 1881
venir, comme MM. Goumand et consorts, de-

mander au Tribunal de commerce qu'on dé-
clarât nul et de nul effet tout ce qui avait été
fait en conséquence de la délibération du
5 novembre ; et, au contraire, un second
groupe, celui de MM. Abeille, se prononcer
pour la réalisation et l'exécution sans réserve
de tous les engagements contractés. On n'aurait pas eu l'explication de ce conflit, si on
s'était borné à considérer le résultat immédiat
que ces conclusions contradictoires tendaient
à atteindre ; mais derrière le résultat appa-
rent se trouvait un but caché, et vous savez
aujourd'hui quel était ce but. Ces frères
ennemis n'étaient pas simplement des souscripteurs ou des actionnaires de l'*Union
générale* ; ils étaient, en même temps, des
vendeurs ou des acheteurs d'actions nouvelles, dont les négociations se trouvaient
encore en suspens. Or, soit qu'ils fussent
vendeurs ou acheteurs, leur intérêt à exécuter
les contrats en cours était inverse. Les acheteurs avaient naturellement tendance à se
dérober à des ventes dont la consommation
devait être pour eux une cause de ruine,
puisque la valeur des titres dont ils pouvaient être appelés à prendre livraison se
trouvait détruite par la faillite ; et, en poursuivant la nullité de l'émission nouvelle, ils

espéraient surtout rendre impossible l'exécution des opérations en Bourse auxquelles
elle avait donné naissance. Les vendeurs, de
leur côté, voulaient bénéficier de leurs contrats, et cherchaient à aller au-devant de
tous les prétextes qu'ils sentaient pouvoir
être invoqués pour leur en enlever l'avantage.

C'est dans ces conditions que M. Heurtey
eut à prendre parti sur un procès qui n'était
pas son œuvre. S'il n'avait eu, commé
MM. Abeille et Goumand, qu'à se préoccuper
des conséquences réflexes que pouvait entraîner la solution en litige, peut-être aurait-il
pu, lui aussi, avoir une préférence à ce que
la constitution de l'*Union générale*, au capital nouveau de 150 millions, fût jugée inattaquable; mais il était le mandataire de la
Justice, et il ne lui parut pas qu'il pût avoir
le droit de fermer les yeux sur les conclusions
à tirer des faits qu'un examen approfondi de
la situation lui avait révélés. Il n'eut pas
d'hésitation à penser que l'action en nullité
d'émission et de souscription formée par
MM. Goumand et consorts ne dût réussir, et
qu'il ne fût de son devoir d'en favoriser le
succès. Il y devait, du reste, également trouver
son compte. Cette nullité effectivement ne

devait point déposséder la faillite de versements qu'avaient effectués les souscripteurs ; et, d'autre part, elle devait avoir pour conséquence doublement profitable, soit de nécessiter la libération complémentaire des actions anciennes, et de préparer, de ce chef, une rentrée de 5o millions ; soit d'assurer un recours en responsabilité solidaire contre tous les administrateurs de l'*Union*.

Les faits qu'on dénonçait, en première instance, avec une sorte d'hésitation, sont mis aujourd'hui en pleine évidence et par le rapport de M. Flory, et par le débat qui s'est déroulé entre MM. Bontoux et Fœder devant la police correctionnelle. Deux décisions de justice en constatent l'exactitude désormais indiscutable. Il n'y a donc plus de ménagements à observer ; et, dès avant cette audience, M. Heurtey s'est définitivement prononcé, en saisissant le Tribunal de Commerce de l'action en responsabilité contre les membres du Conseil d'administration que votre arrêt lui permettra, nous l'espérons, d'atteindre.

J'avais cru même, je dois le dire, tant la question me paraît aujourd'hui tranchée, que nous serions dispensés de la traiter devant vous ; mais mon confrère, Me Rousset, nous a fait un devoir de l'examiner à nouveau, en faisant revivre le débat tel qu'il s'était développé devant les premiers juges.

Il a essayé de reprendre toute la thèse qu'avait soutenue Me Lenté dans l'intérêt du groupe Abeille, et il a formellement contesté que l'augmentation du capital de l'*Union générale* ait été entachée des irrégularités dont tout le procès découle: Il l'a fait, il faut le reconnaître, en termes excellents et avec un tact qui lui fait honneur; mais les plus habiles auraient échoué dans une entreprise condamnée d'avance.

Tout d'abord, Messieurs, je constate que mon confrère a eu la sagesse de ne point contester que la loi de 1867 devait s'appliquer tout aussi bien pour l'augmentation d'un capital social de l'*Union générale*, que pour sa création originaire. Personne ne l'a jamais mis en doute, à l'*Union générale* elle-même, puisqu'à chaque augmentation nouvelle on a déclaré avoir rempli tontes les formalités que cette loi prescrivait et qu'on a publié comme régulièrement refondus et modifiés de nouveaux statuts. Nous n'avons donc qu'une question de fait à résoudre. Est-ce que les publications de l'*Union générale* étaient exactes et sincères, lorsqu'elle annonçait s'être modifiée sous l'empire des garanties promises aux tiers par la loi?

C'est là, Messieurs, qu'on entre en lutte avec l'évidence, pour contester des inexactitudes dont la preuve est trop facile à fournir. Je ne les relèverai pas toutes, mais je m'attacherai à la plus grave, à celle qui recélait les irrégularités irrémédiables, et qui allait le plus directement à l'encontre des préoccupations dominantes du législateur.

Que veut surtout la loi de 1867? Quel est le but essentiel de toutes les formalités qu'elle prescrit? Tous ses soins reposent sur cette pensée maîtresse : assurer la réalité et la sincérité des déclarations d'apports sur lesquels se mesure la confiance des tiers. Pour atteindre ce résultat, deux précautions principales ont été prises : d'une part, on a proscrit les souscriptions imaginaires et fictives; de l'autre, on a exigé le versement par chaque souscripteur du quart au moins de chaque action souscrite. Or, ces deux prescriptions fondamentales ont subi l'atteinte la plus grave, au moins en ce qui concerne la troisième augmentation du capital social de l'*Union*.

Au point de vue des souscriptions, vous savez ce qui s'est passé. Il a été révélé que, sur les 100,000 actions à souscrire, il y en avait eu 20,929, c'est-à-dire plus du cinquième, qui avaient été attribuées à MM. Izoard et Fœder, lesquels n'avaient agi qu'à titre de mandataires et comme prête-noms clandestins de la Société. On vous a fait connaître l'état des comptes qui leur ont été ouverts. Ils ont été débités du montant de leurs souscriptions, puis crédités du montant de leurs versements; mais ces débits et ces crédits n'étaient que des fictions, de simples artifices. Ils ne devaient rien personnellement, et n'avaient rien eu à payer. Ces fausses apparences ne faisaient que masquer une lacune dans le chiffre des souscriptions recueillies.

Si encore, Messieurs, l'*Union générale* eût été en mesure de réaliser les engagements contractés par elle par MM. Izoard et Fœder, peut-être eut-on pu essayer de discuter le caractère et la portée de ces simulations ; mais il lui eût été aussi impossible de fournir les versements obligés qu'il pouvait l'être de le faire à ses prête-noms eux-mêmes.

Je n'ai pas à entrer dans de longues explications pour l'établir. Il me suffira des propres chiffres (quelque inexacts qu'ils soient, et quelque art qu'on ait mis à les grouper) que je trouve dans le bilan provisoire présenté à l'Assemblée générale du 5 novembre, sur lequel Me Rousset s'est plu à raisonner.

Vous savez, Messieurs, qu'en proposant de

porter à 150 millions le capital social de *l'Union*, les administrateurs de cette Société avaient soumis à l'Assemblée générale du 5 novembre des prévisions, des approximations, des espérances sur le bilan qui devait être dressé en fin d'exercice au 31 décembre 1881. Ces approximations étaient le résultat d'un relevé provisoire établi à la date du 30 septembre, et dont on a fait passer les éléments sous vos yeux. Ce relevé semblait indiquer, à cette date, l'existence de 50 millions 900 et quelques mille francs de disponibilités et de réserves, en sus du capital social déjà existant de 100 millions. C'est avec ces 50 millions, nous dit M⁰ Rousset, qu'il a été facile à *l'Union générale* de remplir les obligations prises pour son compte par MM. Izoard et Fœder.

Bien que tous les faits sur lesquels ce raisonnement repose soient à contester, j'en admets, par hypothèse, l'exactitude. Il me suffit de compléter ce raisonnement d'un mot pour le faire crouler tout entier.

Pourquoi a-t-on dressé un bilan le 30 septembre? Pourquoi a-t-on, en cours d'exercice, escompté des probabilités de bénéfices? Était-ce pour justifier par anticipation le droit de souscrire à l'émission nouvelle? Non, Messieurs, il faudrait pour le soutenir oublier la quatrième résolution votée dans l'Assemblée du 5 novembre. Elle va nous prouver qu'on a eu en vue une autre affectation et d'autres besoins. Permettez-moi de vous en reproduire les termes :

« L'Assemblée a décidé que la somme de soixante-quinze millions, nécessaire à la libération des deux cent mille actions anciennes, serait prélevée, savoir :

1º. Cinquante millions sur les disponibilités des exercices antérieurs et de l'exercice courant, qui devra être clos le 31 décembre suivant à... ;

2º Vingt-cinq millions, sur celle de trente-cinq millions provenant de la prime des deux cent mille actions nouvelles. »

S'il existait réellement 5o millions de disponibilités et de réserves, ils étaient donc formellemeut affectés à la libération des actions anciennes. Une fois gagés, ils n'étaient plus disponibles, et, à moins de leur faire jouer le rôle de figurants de comédie, qui se multiplient en repassant plusieurs fois sur la scène, on ne saurait les faire servir à plusieurs emplois simultanés. Dès qu'ils ont dû servir à réaliser le capital ancien, ils n'ont pu, en même temps, concourir à constituer le capital nouveau. C'est là une impossibilité mathématique.

Il est vrai qu'on pourrait être tenté de se demander peut-être si une somme qui est la représentation d'un premier capital ne peut pas légalement servir à une souscription ouverte pour l'augmentation de ce capital. Mais en vérité, Messieurs, une telle question n'est-elle pas comme un défi porté au bon sens ?

Je crois, quant à moi, qu'on pourrait très sérieusement discuter, en thèse, le point de savoir si une Société peut avoir, en aucun cas, le droit de souscrire à une émission annoncée pour l'accroissement de son capital, car il me semble que toute formation ou toute augmentation d'un fonds social implique un appel à des capitaux étrangers ; mais, ce qu'il y a de certain, c'est que, si un pareil droit existe, une Société ne peut avoir plus de latitude pour l'exercer qu'on ne lui en accorde lorsqu'il s'agit de régler les conditions dans lesquelles elle peut être admise à racheter ses propres actions. Or, il n'est pas un auteur, il n'est pas un arrêt qui n'interdise à toute Société de racheter ses actions sur son capital existant (ce qui ne serait autre chose qu'un remboursement déguisé de leurs apports aux actionnaires). Si ce rachat peut avoir lieu, ce ne peut être que sur des réserves et disponibilités liquides, dont, au besoin, la distribution à titre de dividendes pourrait s'effectuer. Il est donc bien évident que, sans disponibilités libres, l'*Union générale* était, en fait comme en droit, incapable de concourir à l'émission de ses actions nouvelles.

Mais, Messieurs, je vais plus loin encore. A supposer qu'on eût pu détourner les disponibilités qui, d'après mes contradicteurs, auraient existé à la date du 31 décembre 1881, de la libération des actions anciennes à laquelle on les avait affectées, j'ajoute que leur virement et leur application nouvelle à l'augmentation du capital n'eussent fourni qu'un chiffre tout à fait insuffisant pour couvrir les engagements qu'entraînait cette opération.

Reportons-nous, en effet, au bilan du 31 décembre 1881, dont on nous a fait connaître l'économie. Nous le discuterons plus tard dans ses détails, quand nous aurons à examiner la question de savoir si le capital ancien a pu être réellement libéré. Pour le moment, en le supposant sincère et véridique, ce n'est même plus les 50 millions de disponibilités dont il était question au 30 septembre précédent;

qu'il nous donne : il donne une balance de profits et pertes d'environ 43 millions !

Or, demandons-nous, Messieurs, si ces 43 millions auraient pu couvrir les engagements directs ou indirects qui naissaient forcément des souscriptions de MM. Isoard et Fœder ? Il s'en serait fallu d'une différence considérable, comme vous allez le comprendre.

Pour que MM. Isoard et Fœder aient ensemble pu souscrire 20,929 actions nouvelles, il avait été nécessaire de leur procurer le double d'actions anciennes, puisque c'était dans ces proportions que le droit de participer à la souscription avait été réglé entre les membres de la Société. A quelle dépense s'était élevée l'acquisition du privilège inhérent à la possession de ces titres anciens ? Le calcul en est facile. On avait mis entre les mains de M. Isoard, 26,502 actions anciennes, pour lesquelles on avait déboursé 45,365,650 francs. On avait, d'autre part, utilisé pour M. Fœder des actions qu'on possédait en report, mais dont l'usage entraînait le règlement d'un déport de 445 francs par titre, ce qui avait occasionné un débours de 7,606,830 francs. Si nous ajoutons à ces deux chiffres les 17,789,650 francs représentant maintenant le montant des souscriptions à l'augmentation du capital, nous atteignons une dépense totale d'environ 71 millions !

Ces 71 millions devant tous également être empruntés aux disponibilités, s'il en existait, il y aurait donc eu un déficit avéré de plus de 28 millions, à supposer que le bilan du 31 décembre n'eût renfermé aucune inexactitude.

A quelque point de vue, par conséquent, qu'on se place, soit qu'on considère le caractère purement fictif des écritures passées sous les noms de MM. Isoard et Fœder, soit qu'on constate l'impossibilité où la Société se trouvait de faire face aux engagements nés de leurs souscriptions, l'augmentation de capital décidée par l'Assemblée du 5 novembre 1881 s'est bien accomplie dans des conditions doublement irrégulières, et les nullités auxquelles elle donne lieu ne sont que la juste sanction des simulations et des fraudes contre lesquelles le législateur a entendu protéger la bonne foi des tiers.

Ces nullités, Messieurs, dont le principe me semble maintenant bien définitivement acquis, ont-elles été, toutefois, formulées devant les premiers juges avec toutes les conséquences utiles qui devaient s'y attacher ? J'arrive, sur ce point, à m'expliquer sur la portée qu'il

convient d'attribuer aux dispositions des articles 41 et 42 de la loi de 1867.

MM. Goumand et Lucas, qui ont mis en jeu
par leur demande l'application de ces deux
articles, se sont bornés à réclamer, vous le
savez, la nullité de la souscription et de l'é-
mission des actions nouvelles. En présence de
leurs conclusions, le Syndic ne s'est préoccupé
que d'une chose : s'opposer, quoi qu'il advint,
à ce que cette nullité pût faire disparaître de
la caisse les 85 millions qu'avait dû produire
la souscription.

« Que l'augmentation du capital de l'*Union*
« ait été illégalement accomplie, a-t-il dit,
« c'est possible, mais la faillite ne peut avoir
« rien à y perdre pour le passé. Les nullités
« de cet ordre sont inopposables aux tiers :
« c'est le texte exprès de la loi, et c'est, on
« peut le dire, la nécessité même du droit,
« car il est inadmissible que des actionnaires
« puissent avoir un intérêt à réserver dans
« leur Société des causes de nullité secrètes
« qui viendraient, le jour opportun de la
« déconfiture, leur permettre de vider la
« caisse au détriment de leurs créanciers. »

Cette défense de M. le Syndic, Messieurs,
était tout ce qu'il pouvait avoir à répondre
aux prétentions contraires qu'il lui était donné

de prévoir. Elle a suffi à réfuter celles qui
ont déjà vu le jour lors du premier débat, et
repoussait aussi d'avance celles qui ne se sont
produites devant vous que plus tard.

Ces prétentions sont multiples. Chacune a
sa place logique dans la discussion, et nous
les devons passer en revue avec méthode.

Je rappelle, d'abord, les trois premières,
qui résument toute la plaidoirie de M⁰ Barboux.

En premier lieu, mon éminent confrère a
émis l'idée qu'il n'y avait pas lieu de prononcer l'annulation de l'augmentation du capital
social de l'*Union générale*, attendu que cette
augmentation ne se serait pas réalisée et ne
serait restée qu'à l'état de simple projet.

En second lieu, et à supposer qu'un contrat
définitif se fût formé, les souscripteurs ne se
se seraient engagés, d'après lui, que sous la
condition de recevoir des actions, et, cette
condition ne s'étant pas accomplie, leurs
engagements défailliraient avec elle.

Enfin, y eût-il eu des souscriptions fermes,
il ajoute que la Société nouvelle n'aurait eu
aucune existence réelle, la faillite étant survenue avant qu'elle n'eût commencé à fonctionner.

A ce triple point de vue, il conclut que les
souscripteurs à cette émission imparfaite ou

sans effet ont droit à la restitution de leurs mises.

Je dois convenir, Messieurs, que ces diverses objections vous ont été présentées avec un art et une habileté capables de prêter un moment au sophisme les couleurs de la raison, mais l'édifice construit par mon honorable contradicteur repose sur des bases si peu solides qu'au moindre coup de sonde il va s'écrouler de lui-même.

Examinons, d'abord, s'il est possible de soutenir que la souscription aux actions nouvelles de l'*Union générale* n'a été qu'un projet sans suite. Pourquoi donc ce projet n'aurait-il pas abouti, et pourquoi n'en aurait-il pu résulter une autre convention effective et efficace ? « C'est parce que, nous dit mon honorable contradicteur, une condition essentielle à la formation du contrat a fait défaut, parce qu'il n'a pas été convoqué d'Assemblée générale pour la vérification des apports sociaux. » Pour justifier cette proposition, il a usé d'une tactique sans doute très savante, mais qui semble n'avoir eu pour dessein que de nous faire perdre de vue le point à démontrer. Sous prétexte de mettre hors de doute les principes nécessaires à sa thèse, il a posé une série de questions, il a formulé

une foule d'hypothèses, qui ne sont point à
débattre entre nous, sur lesquelles il s'est
donné le facile avantage de défier toute controverse, mais à l'occasion desquelles aussi je
me garderai bien, n'y ayant aucun intérêt,
d'entrer en contradiction avec lui.

J'en prends, au hasard, un exemple :

Il a supposé l'initiative de fondateurs d'une
Société faisant appel aux capitaux. Une souscription est ouverte ; des versements sont
effectués, et puis, avant la réunion de l'Assemblée générale destinée à la vérification des
apports, des difficultés quelconques empêchent
le lien social de se former, et aboutissent à la
nécessité de tout rompre. Cependant, dans
l'intervalle, les fondateurs ont contracté des
engagements, ont fait des dépenses. Est-ce
que, pour l'exécution de ces engagements et
le règlement de ces dépenses, les tiers auront
action contre une Société qui ne s'est pas
constituée ?

Vous entendez bien, Messieurs, qu'à une
pareille question je n'ai pas d'autre réponse
à faire que Me Barboux ; mais comparer n'est
pas raisonner, quand on met en parallèle deux
choses dissemblables.

Dans le cas qu'il nous indique, les fondateurs n'ont évidemment pu contracter que

des obligations individuelles, n'ayant jamais
traité ni pu traiter au nom et pour le compte
d'un être social qui n'est jamais venu à la vie.
Mais, dans notre procès, de quoi s'agit-il? Il
s'agit non pas d'engagements personnels pris
par des personnes privées, mais d'engagements sociaux pris sous la raison sociale d'un
être moral dont l'existence s'est affirmée.
Entre les deux situations, il y a la différence
(qui est tout) de ce qui est et de ce qui n'a
pu être. Quand la Société a existé en fait,
elle ne peut disparaître que si on l'annule, et
c'est alors que peut se poser la question de
savoir quelles sont les conséquences de sa
nullité au regard des tiers. Mon adversaire
l'a bien senti lui-même lorsque, allant au-
devant d'une question qu'il croyait lire sur
nos lèvres, il a dit, au cours de son raisonnement : « Je sais bien que la question se
pose dans le procès vis-à-vis des tiers, et j'y
viendrai plus tard. » Mais il a oublié de tenir
sa promesse, et il faut convenir qu'il a éludé,
en l'oubliant, une insurmontable difficulté.

Si nous sortons, en effet, de la région des
hypothèses pour rentrer dans la situation
même des actionnaires de l'*Union générale*
au regard de sa faillite, il n'est pas possible
de méconnaître que toutes les irrégularités

reprochables à cette Société ne constituent que des causes de nullité inopposables aux tiers.

Quand on nous signale le défaut de convocation de l'Assemblée générale prescrite par l'article 25 de la loi de 1867, on semble bien vouloir, il est vrai, laisser supposer que, dans la pensée de tous, cette Assemblée devait se réunir; qu'elle avait été convoquée pour le 3 février, et que la faillite est venue trop tôt pour qu'elle ait pu avoir lieu ; mais il n'y a là qu'une équivoque qui, une fois dissipée, ne permet plus de voir dans l'inobservation de l'article 25 reprochée à l'*Union générale* qu'un des cas précis de nullité prévus par le texte même de la loi.

La preuve de cette équivoque se trouve dans les termes exprès de la convocation qui avait annoncé, la réunion d'une Assemblée pour le 3 février. Vous la trouverez dans mon dossier reproduite par les *Petites-Affiches*. Elle est relative non pas à une Assemblée statutaire, mais à une Assemblée extraordinaire, appelée à la dernière heure, à la veille du naufrage, pour parer, s'il était possible, aux nécessités du moment. Loin qu'elle implique que les souscripteurs nouveaux ne sont pas encore liés, elle les montre, au contraire, s'invitant à délibérer sur l'état alarmant des affaires sociales, et à consentir aux sacrifices jugés nécessaires pour le salut commun.

Après cela, qu'importe qu'on n'ait pas songé à faire vérifier les apports en Assemblée générale ? C'était, nous dit-on, une condition indispensable pour qu'un lien social pût se former à l'égard des tiers, comme au regard des intéressés eux-mêmes ! Mais autant vaudrait dire qu'il ne peut jamais exister de cas de nullité pour une Société illégalement constituée, et que toute inobservation des formalités requises par la loi tient en suspens l'existence même de fait du contrat de Société. Pour toutes ces formalités, en effet, ne pourrait-on pas toujours tenir le même langage ? Est-ce que la souscription intégrale des actions, est-ce que le versement en numéraire du quart sur chaque action ne sont pas, aussi bien que la vérification des apports, des conditions essentielles à la formation régulière du lien social ; et si le défaut de vérification d'apports devait toujours faire réputer la Société non existante, est-ce que le défaut de souscription règlementaire ou le défaut de versement ne devrait pas entraîner le même effet ? Il faudrait donc alors biffer de la loi l'article 41, qui prévoit des causes de nullité, et l'article

42 qui en régle les conséquences ; et ce résultat inadmissible serait d'autant plus logique que l'article 41 comprend précisément et taxativement l'absence de vérification d'apports parmi les cas de nullité qu'il précise. Il vaut la peine d'en replacer le texte sous vos yeux : « Est nulle et de nul effet à l'égard des intéressés toute Société anonyme pour laquelle n'ont pas été observées les dispositions des articles 22, 23, 24 et 25 ci-dessus. »

Ainsi, on discute quand la loi est formelle. Qu'est-ce donc que la sanction de la formalité prescrite par l'article 25 ? Est-ce un obstacle à la formation de la Société ? Non ; c'est simplement une cause de nullité de cette Société, si elle se forme. Voilà la loi. Et maintenant, Messieurs, avons-nous à nous demander comment une Société peut se former tout en contenant de pareils vices d'origine ? Mais nous n'avons, pour nous en rendre compte, qu'à nous référer au cas de l'*Union générale* elle-même. Une Société s'est formée dès qu'elle a affirmé son existence et accompli des actes qui engagent son nom et son patrimoine. Dans notre cas particulier, l'*Union générale* nous fournit l'exemple typique de cette existence de fait. Elle a régulièrement publié ses nouveaux statuts dans les *Petites Affiches*, du

13 janvier, et dans le *Moniteur de Lyon*, du 17 janvier. Il ne lui était pas possible de révéler plus catégoriquement sa volonté d'être et d'agir. C'est le cas même que le législateur semble avoir prévu dans le passage suivant de son Exposé des motifs de la loi de 1867 : « Lorsque les actes de Société ont été publiés dans les formes auxquelles est attachée une présomption légale de notoriété, ni les associés, ni les tiers ne peuvent, sous prétexte qu'ils ont ignoré tel ou tel article, telle ou telle clause de ces actes, en repousser l'application. »

Les sociétaires de l'*Union générale* seraient d'ailleurs, il faut l'ajouter, d'autant moins admis à récuser l'autorité de cette présomption légale, qu'en fait c'est à eux-mêmes qu'ils ont à s'en prendre si la Société a été définitivement constituée sans réunion préalable d'Assemblée statutaire.

Tout s'est passé, en effet, conformément à la délibération du 5 novembre 1881.

Vous connaissez déjà la troisième résolution qui avait été prise et par laquelle on avait donné mandat exprès aux Administrateurs de faire eux-mêmes la déclaration des apports. Qui avait prescrit cela ? Tous les actionnaires de l'*Union générale*, c'est-à-dire tous ceux

qui étaient appelés à souscrire comme béné-
ficiaires du privilège de souscription ! Mon
honorable adversaire a bien formulé à cet égard
quelques réserves. Cette Assemblée générale
du 5 novembre n'aurait pas été, s'il fallait
l'en croire, régulièrement constituée, et sa
nullité serait d'ordre public. D'autre part,
tous les actionnaires qui étaient présents à
l'Assemblée ne seraient pas forcément ceux
qui ont plus tard souscrit, et si, dans le temps
intermédiaire, les titres avaient changé de
mains, on ne pourrait opposer aux derniers
porteurs le fait de leurs prédécesseurs... Ces
objections n'affaiblissent en rien la portée de
l'argument. Que la régularité de l'Assemblée
du 4 novembre fût une question d'ordre public entre les associés, c'est possible ; mais
qu'importait encore, dès que nous examinons
l'exécution qui lui a été donnée à l'égard des
tiers, auxquels sa nullité ne pouvait point
être opposable ?

Et puis, est-il donc nécessaire que les résolutions délibérées le 5 novembre aient été
l'objet d'un vote régulier pour avoir pu produire un effet utile ? Je crois, quant à moi,
que les souscripteurs se les sont appropriées
par un nouvel acte de volonté, en les acceptant
comme base et comme règle de leurs engage-

ments. Et cela n'est pas moins vrai à l'égard
des porteurs nouveaux d'actions anciennes
que pour ceux qui avaient participé en personne à l'Assemblée générale où tout s'était
décidé, car chaque souscription était un acte
d'adhésion implicite mais forcée aux conditions préétablies. Cette théorie de l'acte d'adhésion et de la ratification, c'est M⁰ Barboux
lui-même qui en a proclamé l'exactitude.
Comprenant, en effet, que ses objections
atteignaient les deux augmentations antérieures de capital des deux années précédentes, et n'osant pas, cependant, revenir sur
ces deux précédentes augmentations, il a
trouvé bon de dire que, pour celles-ci, le temps
avait tout ratifié. Mais si, pour la première
et pour la seconde augmentation, la thèse de
la ratification est plausible, pourquoi ne le
serait-elle pas également pour la troisième?
Si elle l'est, quels faits de ratification plus
expresse pourrait-on imaginer que le silence
gardé jusqu'à la faillite par tous les intéressés, depuis la publicité donnée aux actes,
et que le trafic effréné auquel chacun de
mes adversaires s'est livré, durant cette
période, sur des actions dont la souscription,
l'achat ou la vente étaient bien une acceptation définitive des conditions ostensibles et

publiques dans lesquelles elles avaient été émises ?

Il est donc bien évident, Messieurs, que l'*Union générale* a pu avoir une existence de fait, nonobstant l'inobservation prétendue de l'article 25 de la loi de 1867, et, ce point acquis, nous pouvons maintenant passer à la seconde objection : Est-ce que les engagements des souscripteurs nouveaux étaient subordonnés, comme on a cherché à le prétendre, à la délivrance des titres négociables qu'on n'a pas eu le temps de créer ?

Ici, j'ose le dire, ce n'est qu'à force d'habileté et de talent qu'on a pu prêter à ce paradoxe l'apparence d'un argument sérieux.

Eh quoi ! il n'y aurait pas de Société possible tant qu'on n'aurait pas échangé les bulletins de souscription provisoires contre des actions définitives ? Mais on ne s'aperçoit pas qu'en imaginant une pareille condition, on ne fait autre chose qu'ajouter au texte de la loi. La loi prescrit trois garanties principales : la souscription ; le versement ; la vérification des apports ; et elle ajoute (art. 25, *in fine*) : « La Société est constituée à partir « de l'acceptation des administrateurs et des « commissaires. » La délivrance des actions s'effectuera ensuite ou ne s'effectuera pas.

Non-seulement elle ne tient pas en suspens l'existence de fait de la Société ; elle n'intéresse même pas sa constitution légale ! Je ne pense pas qu'une plus ample réfutation soit nécessaire.

Augmentation de capital nulle ; nullité non opposable aux tiers ; droit pour la faillite de conserver les apports sociaux. J'aurais pleinement justifié les conclusions du jugement, si un dernier et grave conflit ne s'était produit *in extremis* sur la portée à donner aux nullités constatées.

D'après les appelants, MM. Goumand et consorts, en annulant les souscriptions à l'augmentation du capital de l'*Union*, on ne ferait qu'atteindre les opérations postérieures en date à cette augmentation, de telle sorte que le Syndic ne pourrait rien retenir du capital nouveau pour la liquidation de toutes affaires antérieures.

« Si on s'est engagé, nous dit-on, on s'est
« engagé pour l'avenir et non pour le passé.
« En conséquence, les 5o millions apportés
« par le dernier groupe d'actionnaires ne
« peuvent être employés qu'à l'extinction du
« passif créé depuis leur versement. »

Cette thèse, Messieurs, a d'autant plus lieu de surprendre M. Heurtey, que rien, dans le

débat de première instance, n'en pouvait
donner l'idée. Quant à lui, lorsque, devant le
Tribunal de commerce, il demandait que les
nullités requises ne fussent pas opposables
aux tiers, il ne voyait qu'une masse passive à
éteindre, celle des créanciers qu'il représen-
tait, celle de la faillite d'une Société au capital de 150 millions, qu'il administrait comme
syndic ; et il ne lui était pas venu à l'esprit
qu'on pût avoir une autre conception que la
sienne des intérêts en jeu. C'est qu'en effet,
Messieurs, la distinction si tardivement imaginée par M. Goumand et ses amis n'est autre
chose qu'un raffinement de subtilité. Pourquoi donc, pour quelles raisons, serait-il possible que le capital nouveau de l'*Union générale* ne dût servir qu'à la libération du passif
créé depuis le mois de janvier 1882 ? Sans
qu'on s'en soit nettement expliqué, le système
paraît être celui-ci : lorsqu'on augmente le
capital d'une Société, c'est une Société nouvelle qui se formerait à côté de l'ancienne ;
bien que rattachées l'une à l'autre, ces deux
Sociétés devraient avoir deux passifs et deux
actifs distincts. Si c'est bien là l'objet de la
controverse qu'on soulève, j'invoque contre
elle l'autorité indiscutable de vos arrêts. Non,
il n'y a et il ne peut y avoir qu'une seule

Société de l'*Union générale*, et non pas quatre
Sociétés, après les trois augmentations successives de son capital.

Sans doute le souvenir de ces mutations
se conserve, mais en se reconstituant, en se
refondant, c'est la même personnalité civile
qui subsiste. Son existence se développe et
s'accroît, mais elle ne se dédouble point. Cet
effet de transformation d'un être moral qui
étend ses organes vitaux sans perdre son
individualité propre, a été admirablement
mis en lumière par la Cour de cassation et
par la Cour d'Orléans dans l'affaire des *Raf-
fineries Nantaises*, dont les décisions vous
ont été déjà citées, et auxquelles je ne puis
mieux faire que de me référer.

S'il n'y a qu'une seule et même Société de
l'*Union générale*, il ne peut donc y avoir
qu'une seule masse de créanciers, et qu'un
seul patrimoine social. Peu importent les
dates différentes auxquelles les capitaux auront été versés dans la caisse. Ils n'y sont
entrés que pour s'y confondre.

Mais, Messieurs, alors même que la fiction
imaginée par mes contradicteurs fût, un
instant, plausible, qu'y auraient-ils gagné ?

Ils n'y ont pas, je crois, réfléchi : l'hypothèse
d'une Société nouvelle venant se greffer sur

l'ancienne ne leur serait pas plus favorable
que celle de la Société qui se perpétue à travers ses évolutions. Si, en effet, à chaque
augmentation de capital, il s'était formé autant de Sociétés annexes à côté de la Société
primitive, dans quelles conditions donc cette
annexion se serait-elle produite ? On ne con-
testera pas, je pense, que la fusion des intérêts n'ait été immédiate et complète ; que les
nouveaux venus n'aient pris la suite des
affaires de leurs prédécesseurs ; que, s'emparant de leur actif, ils n'aient pris charge de
leur passif ; qu'il n'aient, enfin, à leur égard,
la situation et les obligations du successeur *in
universum*. Eh bien ! n'arrivons-nous pas par
là aux mêmes conséquences qu'avec la donnée
juridique de la Société qui trouve dans ses
modifications les éléments d'une vie nouvelle,
mais qui reste une et indivisible à travers ses
progrès croissants ?

Enfin, Messieurs, je pourrais aller plus loin
encore, et, en concédant à mes adversaires
tout ce qu'ils me demandent, je leur prouve-
rais facilement qu'ils n'auraient pas grand
profit à en recueillir. A quel résultat arrive-
rait-on, en effet, si, conformément aux conclusions subsidiaires de M. Goumand, on pouvait dire à M. Heurtey : « Le capital nouveau

« doit être uniquement affecté à la libération
« des dettes nouvelles qu'a pu contracter
« l'*Union générale* depuis sa formation au
« capital de 150 millions » ?

M. Goumand n'est-il pas un de ceux qui,
s'emparant du bilan dressé le 31 décembre,
prétendent démontrer qu'à cette date la
Société possédait un excédant d'actif d'environ 43 millions ? Or il n'ignore pas, je suppose, qu'au moment de la débàcle, on a constaté un déficit de 212 millions ? Est-il besoin,
après cela, de lui fournir la preuve que, depuis son augmentation de capital, l'*Union
générale* a fonctionné, et que son passif
nouveau ferait plus qu'absorber les ressources que son émission nouvelle lui a procurées ?
Hélas ! Messieurs, elle a trop fonctionné,
puisqu'elle est morte de l'excès même de ses
spéculations.

On a semblé, il est vrai, mettre en doute
nos chiffres, quand on a reproché à M. le
Syndic de n'avoir pas dressé de bilan ; mais
non seulement ces chiffres sont indiqués dans
le rapport qu'il a adressé, quelques jours
après la faillite, à M. le juge-commissaire ;
ils sont également relevés dans celui de
M. l'Expert Flory, et sont la base de toute
l'instruction criminelle suivie contre MM. Bon-

toux et Fœder. Tout le monde sait aujourd'hui ce qu'a fait l'*Union générale* dans le laps de temps qui s'est écoulé entre sa reconstitution consommée le 2 janvier 1882 et sa faillite. Elle n'avait dans son portefeuille, le 31 décembre 1881, que 26,000 de ses titres ; à partir de ce moment, elle a employé les millions que lui ont apportés ses nouveaux souscripteurs à augmenter dans des proportions vraiment insensées l'importance de ses achats.

En voici le mouvement pendant le mois de janvier :

Du 1er au 16 janv., il a été acheté 20,175 act.
Au 16 janvier, on en possède   45,175 —
Le 20, on atteint le chiffre de   105,403 —

qui représentent un prix de revient de 235 millions ! On parvient à en réaliser un certain nombre, mais, le jour de la faillite, on en a encore plus de 98,000, qui n'ont plus que la valeur du papier !

Ai-je besoin de rappeler en outre que ce ne sont pas là les seuls engagements qu'ait contractés l'*Union générale* à partir de janvier ? Mes adversaires ne peuvent point l'ignorer encore : jusqu'au dernier moment elle a continué ses négociations comme par le passé. Vous trouverez dans mon dossier le tableau général de ses opérations du 13 au 30 janvier 1882. Dans ces dix-sept jours seulement, l'état de la comptabilité accuse un mouvement d'affaires de 470,558,000 francs. — Elle a décaissé matériellement 125,384,000 francs et encaissé 125,620,000 francs !

S'il est un point hors de doute dans le procès, c'est donc bien, Messieurs, que non seulement l'*Union générale* a réellement existé au capital de 150 millions, mais que, depuis la date de sa dernière transformation, elle a péri de l'abus inouï qu'elle a fait de son existence.

Cependant, Messieurs, tout en réfutant les objections de MM. Goumand et consorts, j'ai touché en même temps à la thèse inverse qu'un autre de mes honorables confrères, M⁰ Durier, a soutenue, à son tour.

Plaidant pour un des intervenants, M. Tremeau, M⁰ Durier a pris le contre-pied du système des appelants, et il a soutenu que ce n'était pas seulement la souscription du capital nouveau et l'augmention du fonds social de l'*Union générale* qui devaient être annulées, et qu'en réalité les irrégularités dont la refonte des statuts avait été entachée devaient atteindre la Société elle-même et en faire prononcer la nullité.

Tout ce que j'ai dit déjà a préparé, quant à

moi, ma réponse. Je n'hésite pas à penser que Me Durier a raison, et, si nous n'avions pas, avant lui, posé la question dans les mêmes termes, c'est qu'au fond, si on est d'accord sur le résultat, la controverse à laquelle nous aboutissons n'est plus qu'une querelle de mots.

Puisque cette querelle a surgi, il faut pourtant qu'elle soit tranchée, et si nous étions dans le vrai, tout à l'heure, lorsque nous démontrions qu'il n'y a jamais eu qu'une seule et même Société de l'*Union générale* ; s'il est, d'autre part, exact que la sanction des nullités qui peuvent vicier le pacte de cette Société l'atteint dans ses résultats d'ensemble, aux termes de l'article 41 de la loi de de 1867, il n'y a pas deux solutions possibles : ce n'est pas seulement une augmentation de capital qui disparaît, laissant debout derrière les débris d'une association mutilée : c'est l'association tout entière qui est mise à néant.

Cette conclusion a été si clairement mise en lumière par la plaidoirie de mon confrère que je n'ai rien à y ajouter, et je ne vois qu'un motif d'hésitation plausible à l'accueillir, c'est qu'elle n'a pas été formulée devant le juge du premier ressort, et qu'on peut se demander si elle peut vous être proposée pour la première fois en appel ?

Je pose nettement la question, bien qu'elle
n'ait été soulevée d'une manière précise par
personne, mais je la crois dans l'esprit de
tout le monde, et je vous prie de me la laisser examiner.

J'avouerai qu'elle me causait quelque inquiétude avant qu'il ne m'eût été donné d'en vérifier les éléments de solution. Mᵉ Durier s'était
borné à nous dire : « Je suis intervenant, et
« je n'étais pas partie en première instance ;
« par conséquent, je ne suis point limité
« dans la rédaction de mes conclusions par
« le principe général qui prohibe les deman-
« des nouvelles en cause d'appel. » C'était
là une affirmation qui pouvait avoir besoin
d'être démontrée ; je me suis senti rassuré,
quand j'ai pu me rendre compte qu'elle trouvait sa justification dans la doctrine même
d'un de vos récents arrêts. Je vous rappelle
le procès que vous jugiez le 4 avril 1881, et
dans lequel vous décidiez qu'un intervenant
peut, en appel, demander la nullité d'une
Société, dont, en première instance, la dissolution seulement avait été requise. Pas de
demande nouvelle qui ne puisse être introduite par l'intervenant, à la condition qu'il ne
fasse pas un procès absolument différent de
celui dans lequel il vient figurer : voilà votre

jurisprudence; et les raisons que vous en donnez s'imposent au bon sens.

. . Quelle est la règle du droit de l'intervenant ? Celui-là a le droit d'intervenir dans une affaire, qui pourrait faire tierce-opposition au jugement dont cette affaire aurait été l'objet. Or, on est admis à faire tierce-opposition à toute décision qui peut être nuisible. Donc, il faut qu'on puisse, dès qu'on intervient, formuler toutes conclusions propres à éviter la nécessité de formuler plus tard une tierce-opposition.

Par suite, et revenant à notre espèce, il faut, puisque le client de M⁁ Durier est intervenu dans l'instance, qu'il y puisse dire et faire tout ce dont il se serait réservé le droit, si, n'allant pas au devant de votre arrêt, il eût attendu d'en connaître les termes pour y devenir, au cas où il aurait eu à s'en plaindre, tiers-opposant.

En y réfléchissant, du reste, Messieurs, je crois qu'on pourrait soutenir avec raison que la demande en nullité de Société formulée par M. Trémeau n'est pas même, dans les termes actuels du débat, la demande nouvelle que prohibe l'article 464 du Code de procédure civile. Cet article admet, en effet, en cours d'appel, toute demande qui n'est qu'une

défense à l'action principale. Or, la demande
de M. Trémeau est-elle autre chose que le
développement naturel de notre défense commune à l'action introduite par MM. Goumand
et consorts ?

La précision donnée par ces derniers au
but que cette action prétend atteindre est là
pour répondre. Leur système tend à créer
plusieurs Sociétés, plusieurs masses de créanciers. N'est-ce pas aller à sa réfutation directe
que de conclure à la reconnaissance d'une
Société unique, dont la nullité ne peut laisser
place qu'à une seule masse active et passive,
celle de la faillite représentée par M. Heurtey ? En somme, M. Trémeau ne fait que
tirer des conséquences du principe sur lequel porte notre désaccord avec nos adversaires. Il ne demande rien de nouveau ; il
précise seulement une pensée qui n'avait pas
jusque-là trouvé sa formule exacte, et sur
laquelle il importe d'éviter qu'une confusion
puisse subsister.

La question étant posée, Messieurs, vous
jugerez nécessaire, nous l'espérons, de la résoudre. Me Lenté vous disait à la précédente
audience qu'à chaque jour suffit sa peine,
que nous n'avons pas à anticiper sur les
procès de l'avenir. Non, ce n'est pas là le

devoir bien entendu de la justice. Il faut
trancher les difficultés dès qu'on le peut, dès
qu'elles se posent. Les laisser en arrière, c'est
laisser des intérêts en souffrance. Mieux vaut
pour tous les aplanir aujourd'hui que les réserver pour plus tard.

(L'audience est quelques instants suspendue.)

Mᵉ TRARIEUX. — La première partie de ma
discussion se trouve, Messieurs, complètement
épuisée. Si mes démonstrations ont été
justes, la Société de l'*Union générale* est
nulle ; cette nullité n'est pas opposable à la
masse des créanciers ; la faillite a le droit de
retenir la totalité des versements faits pour
la souscription à l'augmentation du capital
social, et il n'y a pas à distinguer, pour l'emploi de cette augmentation, entre les créanciers anciens et les créanciers nouveaux.

La question qui s'élève est maintenant de
savoir s'il ne faut pas aller encore plus loin,
et si M. Heurtey n'est pas fondé à exiger des
porteurs d'actions anciennes la libération
complémentaire de leurs titres ? Vous savez
comment cette question s'engage : L'*Union
générale*, avant la dernière augmentation de
son capital, avait émis 200,000 actions repré-

sentant 100 millions, sur lesquels 25 millions seulement avaient été versés. Pour obtenir le paiement des 75 millions qui restaient dus, on imagina la combinaison suivante : on demanda 25 millions, à titre de prime, aux souscripteurs des actions nouvelles, soit 250 francs par chaque action souscrite. Et, pour les 50 millions restant, on y appliqua un chiffre égal des réserves et disponibilités dont on affirma l'existence en caisse.

Nous avons fait juger par le Tribunal et nous persistons à soutenir que le règlement de ces derniers cinquante millions n'a pu s'opérer, les disponibilités annoncées ne figurant que sur le papier et n'ayant pu être réellement distribuées.

Cette question a été examinée par mon confrère Mᵉ Ameline, qui se fonde, pour attaquer le jugement, sur plusieurs moyens.

D'abord, nous dit-il, il n'y a pas à vérifier l'exactitude des énonciations de la délibération d'Assemblée générale sur laquelle l'*Union générale* a modifié ses statuts. Son nouveau pacte social a annoncé que la libération du capital ancien était complète. Il faut que ce pacte s'exécute à la lettre, car c'est la condition sous laquelle les souscripteurs nouveaux se sont engagés.

D'ailleurs, ajoute-t-il, et en fait, il existait des disponibilités et des réserves suffisantes pour atteindre le résultat poursuivi.

Enfin, et à supposer que ces disponibilités n'existassent pas, elles ont été distribuées et reçues de bonne foi, et il faudrait aller contre les dispositions de l'article 10 de la loi de 1867 pour en ordonner la restitution.

Le premier de ces trois points de vue reproduit une erreur que j'ai déjà réfutée. Parler des conditions auxquelles les souscripteurs ont prétendu s'engager, ce serait peut-être se placer sur un terrain de défense sérieuse, s'il s'agissait d'apprécier entre associés l'application que doit recevoir la convention sur laquelle ils se sont mis d'accord. Mais on oublie qu'on se trouve en présence de tiers étrangers à cette convention ; auxquels elle est inopposable ; qui on droit, en toute hypothèse, à la mise sociale qui leur a été promise en garantie du crédit qu'ils ont accordé à cette Société, et qui ne peuvent être dupes des simulations à l'aide desquelles on a pu chercher à leur soustraire tout ou partie de cette mise.

La question de fait, derrière laquelle on se retranche aussi, est plus grave, mais les vérifications qu'elle nécessite sont loin de cadrer

avec les affirmations de mon contradicteur.
Me Ameline persiste à croire contre toute évidence à l'existence de réserves qui n'ont
jamais été que le produit de calculs artificieux.
C'est au 31 décembre 1881 que l'emploi en
devait être fait. Le bilan dressé à cette date
va nous éclairer sur leur consistance et leur
réalité. D'abord, il fallait cinquante millions
pour libérer le capital ancien, et je constate
que, malgré toute la bonne volonté qu'on y a
mise, on n'est parvenu qu'à faire ressortir un
chiffre des profits et pertes, fin décembre,
d'environ 43.000.000. C'est déjà un déficit de
7 millions ; mais cela n'est rien : ce prétendu
bilan est, au fond, un tissu d'exagérations ou
d'erreurs.

Ces 43 millions ne sont que le résultat de
majorations.

Permettez-moi de vous faire toucher du
doigt quelques-uns des artifices qui en faus-
sent irrémédiablement la balance.

D'abord, je vois qu'on a porté à l'actif le
montant des frais généraux de l'exercice, soit :
2.978.000 francs. Est-ce là un élément de
l'actif? Je sais bien que qui paie ses dettes
s'enrichit, mais cet aphorisme n'est, hélas !
qu'une figure. Ce qui est sorti de la caisse ne
s'y retrouvera plus jamais. Il y a donc là un

premier article de près de 3 millions à contrepasser au débit du compte.

Autre chose :

Nous savons que l'*Union* a acheté et possède, fin décembre, plus de 26.000 de ses
propres actions ; or, elle les fait figurer, au
cours du jour, à son actif, sous un vocable
quelconque, pour plus de 71 millions ! Mais
que valent réellement ces actions cotées aux
plus hauts prix qu'elles aient jamais atteints ?
Elles représentaient, au taux d'émission,
13 millions, et, un mois plus tard, elles ne
devaient plus être que des chiffons sans
valeur !

Sur quelles ressources, d'ailleurs, avaient-
elles pu être achetées ? Nous avons vu qu'une
Société ne peut racheter ses actions en y
employant son capital social, ce qui serait un
moyen indirect de rembourser aux associés
leurs mises. Il avait donc fallu y employer
en première ligne toutes les réserves disponibles. Or, elles absorbaient déjà, à elles
seules, plus que le chiffre de ces prétendues
réserves.

Autre critique encore :

On se crédite par avance d'un chiffre considérable de bénéfices qu'on espère réaliser
sur des participations financières, dont plu-

sieurs ne sont pas même encore arrivées à terme à l'heure où je plaide.

Quelques-unes, écrasées par le contre-coup de la faillite de l'*Union générale*, laisseront des pertes sensibles.

Vous savez, d'après le jugement correctionnel et d'après le rapport de M. Flory, à quel chiffre s'élèveraient les mécomptes réservés par ces présomptueux calculs. M. Heurtey serait peut-être porté à l'apprécier avec moins de pessimisme, mais, pour lui, il y aurait eu une exagération d'au moins 8.050.000 francs!

Et le chiffre des débiteurs par compte ou des effets à encaisser, ce trompe-l'œil derrière lequel peuvent se cacher tant d'illusions ou de fallacieuses amorces? L'*Union générale* avait-elle le privilège de n'avoir aucun débiteur insolvable? On ne s'est point préoccupé de ce détail; et cependant, dès fin décembre 1881, on avait la faillite de la maison Chariol, de Bordeaux, qui devait faire perdre plus de 1.500.000 francs; et, parmi les autres créances douteuses, il y en avait pour plus de 8 millions qui échapperont à la faillite!

Un dernier exemple, enfin, ce sera celui du compte Reports. On avait en caisse des actions de la Société sur lesquelles on avait fait des reports, et le bilan porte à son actif la totalité des avances dont ces actions étaient le gage. C'est fort bien; seulement était-il certain que ces avances seraient remboursées? Cela était si peu sûr qu'avec le seul parquet de Lyon on subira une perte de 19.500.000 francs et que le nantissement dont on reste saisi est une valeur irrévocablement détruite.

Si nous supputons, Messieurs, ces diverses non-valeurs, dont il était interdit de tenir compte dans le calcul de bénéfices destinés à une distribution, nous arrivons à contrepasser au débit 131,245.664 francs, ce qui fait que l'*Union générale*, le 31 décembre, au lieu d'avoir 43 millions disponibles, aurait été à la veille de se trouver au-dessous de ses affaires avec un déficit de plus de 80 millions!

Ah! je comprends, après cela, qu'en fait on s'en soit toujours tenu à de vagues promesses et qu'ont n'ait jamais procédé à une libération effective des titres anciens. En face d'une pareille balance, on s'est évidemment effrayé, on n'a pas voulu éveiller l'attention d'actionnaires qui auraient pu voir clair et crier gare ! Que mon honorable confrère, M⁰ Ameline, renonce donc à parler de disponibilités distribuées. Le fait matériel lui donne ici une réponse brutale : Il n'existait pas de disponibilités; aucune distribution n'a été tentée !

Mais, Messieurs, pût-on considérer que la matérialité de la distribution résulte suffisamment de l'annonce qui en a été faite, serait-ce à dire que nous serions privés de tout recours contre une distribution illégitime ? On nous a rappelé que, depuis la loi de 1867, les dividendes fictifs n'étaient plus, comme sous l'ancienne jurisprudence, uniformément restituables, et qu'ils étaient acquis à l'actionnaire, s'ils avaient été reçus de bonne foi. Nous le savions bien ; mais est-il permis de nous parler ici de la bonne foi de nos adversaires ? Cette bonne foi, qui se constitue d'éléments tout juridiques, vous savez, Messieurs, quelles sont les circonstances qui la doivent caractériser. Elle n'existe qu'autant que l'actionnaire a reçu ses dividendes conformément à des inventaires mis à sa disposition et dressés dans les termes de la loi. Or, serait-ce sur des inventaires réguliers qu'aurait eu lieu la libération alléguée des actions anciennes de l'*Union générale* ? Un inventaire ?... Il n'en a même pas été dressé. Je sais bien que M⁰ Ameline a plaidé que le bilan tenait lieu d'inventaire et en impliquait, au moins, l'existence ; mais je n'ai qu'à le renvoyer à l'article 35 de la loi

de 1867, qui exige, à la fois, un inventaire et
un bilan, pour lui prouver que les deux choses
ne sauraient se confondre. Et, au surplus,
ai-je donc à lui en apprendre les différences
capitales ? Qu'est-ce qu'un inventaire ? C'est
un état détaillé, un catalogue estimatif de
toutes les valeurs et de tous les titres qu'on
possède. — Qu'est-ce qu'un bilan ? C'est un
groupement de chiffres, une balance en bloc.
Ne voit-on pas, par cette simple définition,
l'utilité propre de chacun de ces documents,
et ne nous explique-t-elle pas suffisamment
l'intérêt que la loi a attaché à les exiger tous
les deux pour assurer l'exactitude et la sincérité dans le calcul des dividendes qu'une société peut avoir à distribuer à ses actionnaires ? L'un est l'analyse ; l'autre est la
synthèse. Sans le bilan, pas de résultat d'ensemble. Sans l'inventaire, pas de renseignements sur l'origine et l'importance réelle des
valeurs actives ou passives groupées dans le
bilan. Le législateur de 1867 a bien fait fléchir la rigueur des anciens principes, mais il
s'est bien gardé d'ouvrir la porte trop large
au danger des distributions de dividendes
fictifs. Il a dit aux actionnaires : « Vous ne
« serez réputés avoir reçu de bonne foi des
« dividendes qu'autant que vous vous serez

« assurés par tous les moyens de contrôle
« que j'organise moi-même de leur parfaite
« loyauté. Pour cela, il faudra que vous vous
« soyez réunis en Assemblée générale ; que
« vous vous soyez fait communiquer les
« rapports des commissaires ; que vous ayez
« constaté la concordance entre les énoncia-
« tions de ces rapports et les résultats des
« inventaires sur lesquels ils ont dû être
« dressés. Ce n'est qu'après cela que, si une
« erreur a été commise, elle peut être de
« votre part excusable et n'entraînera contre
« vous aucune obligation de restituer. Mais,
« si vous avez omis une seule de ces garanties,
« vous avez commis une faute, et cette faute
« suffit à vous faire perdre la situation du
« possesseur de bonne foi. »

Combien, Messieurs, cette précaution de la
loi était utile, car, supposez qu'on s'y fût
soumis dans notre procès, et demandez-vous
ce qui serait arrivé ? Croyez-vous que si des
commissaires avaient été mis à l'œuvre, ils
n'auraient pas refusé leur approbation à des
distributions que n'appuyaient aucuns documents réguliers ? Croyez-vous que si les actionnaires avaient été réunis en Assemblée, il ne
s'en serait pas trouvé un pour exiger la vérification des écritures sociales ? Ce n'est donc

qu'en violant toutes les prescriptions du droit
qu'on aurait pu consommer la libération des
actions anciennes par une application de dividendes fictifs ; et la faillite devrait incontestablement être admise, en pareille hypothèse, à se faire restituer contre le dommage
qu'aurait-pu lui causer une telle fraude.

J'ai prouvé déjà que ce dommage serait de
la totalité de la dette qu'on aurait cherché à
éteindre, c'est-à-dire des cinquante millions
dont, sous tous les rapports, la réclamation
se trouve donc bien justifiée.

Cependant, Messieurs, un point de vue subsidiaire est venu se greffer sur cette question,
et je ne dois pas le passer sous silence. M. le
liquidateur Richardière, se rattachant au système de M° Ameline, a demandé que, si les
anciens actionnaires devaient être tenus de
libérer de 250 francs par titre (c'est-à-dire de
cinquante millions) leurs actions anciennes,
ils fussent, au moins, admis à appliquer à
cette libération les dix millions de réserve
extraordinaire constituée à l'aide des cent
francs de prime fournis par, chaque action
nouvelle.

Nous nous sommes permis, Messieurs,
d'exprimer notre étonnement sur cette intervention de M. Richardière dans une question

au débat de laquelle il nous semblait devoir rester étranger, mais il a eu tort, dans sa plaidoirie, de donner à nos critiques un caractère qu'elles n'ont jamais revêtu. « Pourquoi, « nous a-t-il dit, M. le Syndic a-t-il donc « provoqué ma nomination, si c'est pour se « plaindre que j'agisse, dès que l'occasion « s'en présente ? » Non ! Nous ne prétendons point le condamner à l'inaction ; nous lui disons seulement qu'il ne devrait agir que dans la limite des intérêts qu'il représente. Ainsi, par exemple, une question se posait : « La Société est-elle ou n'est-elle pas nulle ? » C'est lui qui représente cette société. Il avait incontestablement le droit de nous donner son avis, et nous ne nous étonnons que d'une chose, c'est qu'il ne nous l'ait pas fait connaître. Mais quand la Société, être moral, n'est pas en cause, à quel propos vient-il nous donner des consultations ? Que lui importe, comme liquidateur, que les 100 francs que chaque sourcripteur nouveau a versés pour constituer une réserve ordinaire servent à la libération du capital ancien ? Non-seulement il prend là en mains, sans en avoir reçu le mandat, l'intérêt individuel des actionnaires qui pourraient être appelés à profiter de sa thèse, mais on peut affirmer qu'il prend

parti contre les intérêts mêmes de la Société
dont il est l'organe, puisque cette thèse ne
tend à rien moins qu'à diminuer l'actif de
cette Société. Négligeant l'intérêt collectif
qui lui est confié pour ne s'occuper que d'intérêts particularistes qui y sont contraires,
il tombe même dans la partialité, sans s'en
apercevoir, et ne défend une catégorie d'actionnaires que pour en compromettre une
autre.

N'y a-t-il pas, en effet, un certain nombre
de membres de l'*Union générale* qui sont
complétement désintéressés dans l'imputation
que nous propose M. Richardière ?

N'en existe-t-il pas qui ne sont que porteurs d'actions anciennes qu'ils ne détenaient
qu'à titre de report, soit qu'après leurs souscriptions ils se soient dessaisis de leurs titres
anciens ; et ceux-là, loin d'avoir à demander
que la réserve extraordinaire qu'ils ont concouru à constituer soit détournée de son
affectation, n'ont-ils pas à souhaiter que
l'actif de la faillite n'ait à subir aucune dimi-
nution, afin d'assurer, dans les plus larges
proportions possibles, le paiement de la dette
commune ? Il est clair qu'en prenant en main
la défense de ceux sur lesquels il étend, dit-il,
sa sollicitude, M. Richardière arrive, malgré

ses bonnes intentions, à léser les intérêts des autres ; et ce n'est donc pas sans raison que nous avons exprimé notre suprise de le voir s'attribuer le rôle dans lequel nous le rencontrons comme contradicteur.

Il a eu tort, du reste, de croire que nous déclinions l'honneur de nous expliquer avec lui ; et nous allons, en effet, maintenant, si vous voulez bien le permettre, discuter le fond de sa pensée.

Tout d'abord, un point est digne de remarque : c'est que M. Richardière, jugé d'avance par ceux qu'il prétend couvrir de son égide, n'a rencontré dans le procès qu'un seul intervenant qui ait osé se rallier à son système, et encore cet intervenant, qui est M. Cochet, n'en tire-t-il pas tout à fait les mêmes conséquences que lui, car tandis qu'il opine pour une compensation, à due concurrence, de ce qui reste dû sur le capital ancien avec la réserve extraordinaire, M. Cochet, plus modeste, se borne à réclamer le remboursement de cette réserve, comme si elle avait été indûment payée, et ne prétend à en reprendre sa part que par voie de production à la faillite et en monnaie de dividende.

Cette divergence sur les conséquences à tirer d'un principe commun est même la pre-

mière question que nous avons à résoudre,
avant d'examiner si ce principe est justifiable
en lui-même.

Si, Messieurs, la réserve extraordinaire de
l'*Union générale* pouvait échapper à la faillite,
je dis que ce ne pourrait jamais être que sous
la forme proposée par M. Cochet, car la compensation imaginée par M. Richardière me
semble *à priori* insoutenable.

L'honorable défenseur du liquidateur, mon
confrère Me Froissart, a été le premier à le
reconnaître. Pour que la compensation puisse
s'établir, il faut qu'il y ait, en sens inverse,
concours de deux dettes qui se neutralisent
au moment où elles se rencontrent. Or, est-ce
que la réserve extraordinaire qu'on prétend
compenser avec le reliquat dû sur les actions
anciennes aurait pu être réclamée avant la
déclaration de faillite de l'*Union générale*, et
alors que la question de nullité de cette
Société ne s'était pas encore posée ? Évidemment non; car il est, au moins, indiscutable
qu'elle ne pouvait constituer, à cette époque,
une créance certaine, liquide et exigible.

Il en était de même, d'autre part, des versements complémentaires que la Société
prouve aujourd'hui avoir le droit d'exiger sur
ses actions anciennes. Ces versements ne pou-

vaient être réclamés tant qu'on pouvait croire
que la libération du capital primitif avait été
consommée, et qu'on n'avait pas démontré la
fiction des bilans à l'aide desquels on avait
prétendu l'assurer.

La définition même du droit de compensation s'opposerait donc au résultat final que
M. Richardière a cru pouvoir atteindre; mais
ce n'est pas seulement dans sa conclusion
qu'il se trompe, les prémisses mêmes de son
raisonnement ne lui font pas moins défaut.

Je conviens que, dans le développement de
ce raisonnement, mon contradicteur s'est
montré extrêmement ingénieux : il semblait
vraiment que les arguments se multipliassent
dans sa bouche, alors que toute son argumentation se réduisait à une idée fort simple.
Cependant c'est le seul hommage que je
puisse lui rendre. L'idée est inexacte, et,
quand je vous en aurai montré la fausseté, il
ne restera plus rien des amplifications dont
elle a fourni le sujet.

On nous ramène à la délibération du 5 novembre, et on nous demande ce qu'on a
entendu faire quand on a arrêté les conditions
de la dernière émission. « Il est certain, nous
« dit-on, qu'en devenant souscripteurs d'ac-
« tions nouvelles, les actionnaires de l'*Union*

« ont en même temps pensé qu'ils allaient
« libérer le capital ancien : tout rend présu-
« mable qu'ils n'auraient point consenti à
« verser 100 francs par chaque action sous-
« crite pour constituer une réserve extraordi-
« naire, s'ils avaient su que ce capital ancien
« n'était pas intégralement libéré. On s'épar-
« gne le superflu quand on n'a pas le néces-
« saire; et on doit en conclure que cette
« réserve extraordinaire n'a été créée que
« sous la condition expresse d'être détournée
« de son affectation pour être employée, le
« cas échéant, à acquitter les mises sociales
« qui, contrairement aux assurances données,
« n'auraient pas été complètement payées. »

Un seul mot détruit tout l'échafaudage de
ce raisonnement pénible : on n'efface pas la
lettre formelle d'un contrat sur de vagues
probabilités et sur des conjectures. On pourrait aller loin, du reste, dans cette voie.
Pourquoi n'ajouterait-on pas que, si les
actionnaires avaient prévu toutes les fautes
qui devaient entraîner la Société à des catas-
trophes, ils se seraient bien gardés d'en devenir membres ? Cela n'est pas moins vraisem-
blable; mais aussi bien ne sont-ils entraînés
dans le désastre que précisément parce qu'ils
n'ont pas su le prévoir.

Et puis, j'en reviens toujours à la même
réflexion qu'on perd incessamment de vue.
Qu'importe quelles ont pu être les intentions
secrètes des actionnaires de l'*Union générale*,
quand il s'agit d'apprécier leurs engagements
à l'égard de créanciers qui n'ont pu savoir
que ce que leur ont révélé les statuts sociaux,
et qui ont dû compter sur leur parfaite exactitude?

D'après ces statuts, l'actif social de l'*Union*
devait être de 150 millions, auxquels devaient
s'ajouter 10 millions de réserves extraordinaires. C'était donc un gage de 160 millions
qui était promis. Il faut que ce gage se réalise.
Mais tout cela, nous dit-on, était le résultat
de fictions et de mensonges qui ont entraîné la
nullité de la Société. Eh bien! que nous
importe encore? N'avons-nous pas déjà démontré que cette nullité ne pouvait nous
atteindre, et ne serait-ce pas violer ouvertement ce principe que de vouloir sur un point
ou sur un autre, nous enlever une partie des
garanties qui nous ont été assurées par les
actes constitutifs de cette Société?

Messieurs, tout cela me paraît d'une telle
évidence que je crois superflu d'y insister plus
longuement, et je n'ai aucun doute que vous
ne décidiez, avec les premiers juges, que la

totalité des 85o francs versés par les souscripteurs d'actions nouvelles doivent être acquis
à la faillite, conformément aux indications du
pacte social; — c'est-à-dire, 5oo francs pour
libération des actions nouvelles elles-mêmes;
— 25o francs pour acompte sur le capital
ancien; et 1oo francs pour constitution d'une
réserve extraordinaire.

Nous en avons ainsi fini, Messieurs, avec
les difficultés du premier procès dont vous
avez été saisis par les appels de MM. Goumand, Lucas et Abeille, et nous avons, pour
terminer, à aborder l'examen des questions
plus délicates, il faut le reconnaître, que soulève l'affaire personnelle à MM. Carey, Leclanché et Cie.

Ces Messieurs sont appelants devant vous,
il n'est pas besoin de le rappeler, de la décision relative aux opérations engagées sur les
actions nouvelles. Les conditions dans lesquelles cet appel a été interjeté ont été très
vivement et très spirituellement critiquées à
l'audience d'hier par mon honorable confrère,
Me Cléry. Peut-être ne méritaient-elles point
une pareille sévérité, mais je ne puis me dis-
penser de vous signaler, moi aussi, leur caractère étrange.

On ne peut nier que MM. Carey, Leclanché

et Cie jouent à votre barre un singulier rôle.
Ils sont appelants d'un jugement qu'ils se
garderont bien de critiquer, car, au fond,
ils marchent d'accord avec les intimés, et
c'est à une confirmation que tous leurs efforts
tendent. Leur avocat, Me Martini, vous a
expliqué le secret de cette attitude avec une
franchise qui nous désarme : en organisant
tout d'une pièce un procès fictif, on a voulu,
entre personnes intéressées au même résultat,
fournir à la justice l'occasion de se prononcer
sur une question qui tient d'énormes intérêts
en suspens.

Je n'y vois point grand mal, mais j'ai le
devoir, cependant, de faire observer que, si
on croyait pouvoir organiser ce procès type,
on aurait dû y mettre un peu plus d'impartialité et ne pas précisément choisir le terrain
qui paraît être le plus favorable à la thèse
dont on avait le secret désir d'assurer le
triomphe.

D'une part, on s'est attaqué à l'*Union générale* elle-même, qui, de tous ceux qui ont spé-
culé sur les actions nouvelles, était évidemment le vendeur le moins favorable.

De l'autre, on n'a visé que des opérations
conclues avant même que l'augmentation du
capital social de l'*Union* fût un fait accompli,

opérations naturellement plus faciles à combattre que celles de la seconde période.

C'est trop d'habileté.

Mis isolément en cause pour soutenir, dans les conditions les moins avantageuses, un procès qui ne l'intéressait pas seul, M. Heurtey n'a pas voulu accepter la responsabilité d'un pareil rôle, et il a été heureux de profiter des termes dans lesquels la procédure avait été introduite pour s'en tirer par une sorte de fin de non recevoir.

MM. Pireyre-Bornet et Cie avaient assigné MM. Carey, Leclanché et Cie en nullité d'acquisition de 325 actions nouvelles vendues pour compte de l'*Union générale* du 14 novembre au 19 décembre 1881. MM. Carey, Leclanclé et Cie avaient assigné *en garantie* — (je souligne ces termes, ce sont ceux de la demande) — M. le Syndic pour le faire condamner à les relever indemnes des condamnations qui pourraient être prononcées au profit de Pireyre-Bornet et Cie. S'en tenant au libellé de cette action en garantie, M. Heurtey y a fait la réponse suivante :

« Que me demandez-vous ? a-t-il dit à MM. Carey, Leclanché et Cie ? En aucun cas il ne peut y avoir matière à garantie. Deux hypothèses sont possibles : Ou bien Pireyre-

Bornet et Cie seront obligés d'exécuter leurs
achats, et alors vous gagnerez votre procès ;
vous n'aurez donc rien à me demander ; ou
bien ils seront dégagés, et alors ils échapperont simplement à une obligation d'entrer en
règlement avec vous, mais vous n'aurez aucune condamnation à supporter, et, dans ce
cas encore, votre recours contre la faillite de
l'*Union générale* sera sans objet. »

: Vous savez, Messieurs, que les premiers
juges ont pleinement approuvé ce langage ; et
que, tout en donnant gain de cause contre
MM. Carey, Leclanché et Cie à MM. Pireyre-
Bornet et Cie, ils ont déclaré sans objet la
demande en garantie, à laquelle, sans avoir
rien dit du fond, a ainsi échappé M. Heurtey.

Vous comprendrez, Messieurs, que, devant
vous, nous n'entendions point sortir de cette
attitude, et par conséquent, quoi qu'il advienne,
l'appel de MM. Carey, Leclanché et Cie devra
toujours être, en ce qui nous concerne, rejeté.
Cependant, comme aujourd'hui la physionomie du procès a changé par les conclusions
des intervenants, et que nos responsabilités
ne sont plus les mêmes, vous voudrez bien
nous permettre de saisir l'occasion qui nous
est offerte d'indiquer la solution finale que
nous désirerions, dans l'intérêt de la masse

des créanciers de la faillite, voir donner au débat.

Les motifs que nour croyons, pouvoir vous indiquer de cette solution ne sont pas tout à fait les mêmes que ceux qui vous ont été jusqu'ici présentés par la plupart des intervenants.

Presque tous les intervenants qui ont jusqu'à cette heure pris la parole ont fondé leur espérance d'échapper à la demande de MM. Pireyre-Bornet et Cie sur la possibilité où ils croient être de livrer à leurs acheteurs les actions nouvelles dont ils nous demandent, dans ce but, la délivrance.

Je regrette, pour ma part, qu'on ait si imprudemment associé les deux questions, car je crains bien qu'on ne poursuive une chimère en s'acharnant à croire qu'on peut encore, à l'heure qu'il est, faire émettre des titres dont tant de raisons graves me semblent empêcher la remise. Le Syndic, qui n'est pas un plaideur ordinaire, qui a le devoir de soumettre à un examen sévère les résolutions qu'il prend et les actes qu'il accomplit, ne peut se laisser aveugler par l'intérêt qu'il pourrait avoir, lui aussi, à ce que ces titres soient mis au jour, et il ne craint pas de proclamer ouvertement les scrupules qui ne lui ont pas permis de les délivrer lorsqu'on les lui a réclamés. Il y a vu, d'abord, un premier obstacle. L'*Union générale* est en faillite, et, de plus, sa dissolution a été formellement prononcée. Or, la Cour de cassation, par un arrêt du 18 avril 1877, a jugé expressément qu'en pareille occurrence les actionnaires ne pouvaient plus exiger l'échange de leurs bulletins de souscriptions provisoires contre des titres définitifs. A cet obstacle s'en ajoute un second plus redoutable encore et que, a une précédente audience, M⁰ Lenté a dévoilé dans toute son évidence. Vous vous rappelez comment il nous a défini ce qu'on entend par une émission d'actions. Il nous a montré que l'émission d'actions était le fait matériel de la remise de leurs titres aux actionnaires, et il a appuyé sa définition de l'autorité d'un autre arrêt de Cassation de 1861. Or, si la thèse est exacte, est-il possible, dans l'état actuel des choses, de procéder à l'émission des actions nouvelles de l'*Union générale?* N'avons-nous pas fait prononcer la nullité de cette Société, et l'article 13 de la loi de 1867 n'érige-t-il pas en délit l'émission d'actions d'une Société nulle ? — Ce qu'on demande à M. Heurtey, c'est donc de commettre un délit. Messieurs, il y veut bien consentir, en

s'en remettant à votre justice; mais, si vous
le décidez, il veut, au moins, être rassuré par
l'autorité de votre décision. Jusque-là il crain-
drait de se faire fabricant de fausse monnaie,
et il est d'autant plus fortifié dans cette crainte,
que M. le liquidateur Richardière a déclaré
la partager avec lui.

Cependant, Messieurs, de ce que des titres
ne paraissent pouvoir être remis, ce n'est
point une raison pour qu'il n'y ait plus rien
à répondre aux prétentions de MM. Pireyre-
Bornet et Cie. Le procès avec eux n'est pas,
Dieu merci, tout entier là.

Que nous objectent MM. Pireyre-Bornet
et Cie, pour échapper à l'exécution des ventes
d'actions nouvelles qui leur ont été consen-
ties? Ils soulèvent, d'abord, une sorte
de fin de non-recevoir empruntée à l'article 2
de la loi de 1867, et tirée de ce qu'au moment
où elles leur ont été vendues, ces actions
n'étaient pas libérées d'un quart.

Une première observation est utile. S'il
était vrai que cet article fût applicable, il ne
le serait qu'à raison de la date des négociations auxquelles le procès est relatif, et parce
qu'elles sont antérieures à la constitution de
la Société. Il serait donc sans effet, vous voudrez bien le retenir, pour toutes autres négo-

ciations qui auraient été postérieures à la conclusion définitive des nouveaux statuts.

Mais est-ce qu'on peut même être admis à invoquer l'article 2 de la loi de 1867 pour les ventes traitées avec MM. Pireyre-Bornet et Cie, de novembre à décembre 1881 ?

La question vaut la peine d'être appro, fondie, et je demande à vous donner mes raisons d'en douter.

En admettant, contrairement à ce que plaident quelques-uns des intervenants, que cet article 2 renferme une prohibition formelle de négocier des actions non libérées d'un quart, sont-ce bien des négociations de cette nature dont il s'agit dans nôtre affaire ?

Je ne le crois pas, Messieurs. Ce n'est pas ce ne peut être des actions non libérées du quart qui ont été vendues du 14 novembre au 15 décembre 1881. Il n'y avait pas d'actions créées à cette date. Ce qu'on a vendu, ce ne sont que des actions à créer. C'est un droit éventuel qui est ici l'objet de la négociation : appelons-le de son vrai nom, c'est une promesse.

Or, la question se pose de savoir si nous avons pu, sous l'empire de la loi de 1867, vendre, à l'avance, des actions inexistantes pour le jour où elles existeraient, et à la condition qu'elles existent ?

Je n'ai pas besoin, n'est-ce-pas? de faire ressortir la différence qui existe entre ces deux situations : vendre des actions sous la condition qu'elles seront régulièrement créées, et vendre *hic et nunc* des actions irrégulières, malgré leur irrégularité.

Si nous nous en tenons aux principes généraux du droit, la vente d'une promesse d'actions à créer dans des conditions légales ne paraît pouvoir souffrir de difficultés.

L'obligation contractée sur une chose future est, en effet, licite (article 1138 du Code civil), et les engagements conditionnels le sont également, quand la condition n'est pas contraire à la loi.

Toute la question est donc de savoir si, sur ce point, la loi de 1867 aurait dérogé au droit commun.

Ici, Messieurs, il peut être nécessaire de remonter aux précédents législatifs.

La loi de 1867 a une filiation que vous connaissez tous. Elle procède de la loi de 1863, qui, elle-même, est tirée de la loi de 1856, dont l'ancêtre est la loi de 1845 sur les chemins de fer. Si les prohibitions renfermées dans cette dernière loi lui ont survécu, nous

devons succomber, car elle interdit, en termes exprès, la vente des promesses d'actions
ou des récépissés provisoires ; mais est-ce là
la vérité juridique ? On a d'autant plus le
droit de le contester, qu'après les disputes
auxquelles les termes de la loi de 1845 avaient
donné lieu, on s'expliquerait difficilement
que les lois ultérieures ne les eussent pas
reproduites, s'il n'eût pas été dans leur intention de les faire disparaître.

Vous savez, en effet, Messieurs, les contro-
verses, qui ont été soutenues devant les tribunaux pendant des années, sur le sens et la
portée des mots « *promesses d'actions* ».

Un jour, on vit, dans des bordereaux, des
ventes « d'actions définitives, futures et li-
vrables à l'émission ». Était-ce autre chose
que des ventes de simples promesses ? Après
bien des hésitations, la jurisprudence finit
par poser ce principe, qu'en interdisant les
ventes de simples promesses la loi avait
entendu proscrire toute vente d'action future ;
et ainsi échoua l'entreprise des ventes dites
« à l'émission ».

Mais, Messieurs, si je n'ai pas à m'élever
contre cette jurisprudence, je me demande
comment on pourrait aujourd'hui l'invoquer
contre nous ? La loi de 1845 n'est plus. La

loi de 1856 n'a reproduit qu'une de ses dispositions prohibitives, celle qui interdit la vente d'actions d'une Société qui n'est pas définitivement constituée. Elle est restée muette sur les simples promesses. La loi de 1867 n'est pas allée plus loin. Or, est-il permis de commenter le silence de la loi, d'ajouter à son texte et de condamner, quand aucune dérogation spéciale n'existe plus, des opérations que protègent les dispositions générales du droit ? Vous apprécierez, Messieurs. Je reconnais que la question n'est pas sans soulever des objections ; mais si vous l'appréciez comme je viens de le faire, je n'aurai plus aucun doute de lui avoir donné sa vraie solution.

Cependant, Messieurs, le Tribunal n'a pas eu à s'expliquer sur cette question, qui nous est pour la première fois opposée à votre barre, et j'ai hâte d'arriver au motif sur lequel le jugement s'est fondé pour déférer aux conclusions de MM. Pireyre-Bornet et Cie.

Pourquoi le Tribunal a-t-il annulé les négociations d'actions nouvelles de *l'Union générale* ? Parce que, nous a-t-il objecté avec nos adversaires, la chose vendue a été détruite dans sa substance, et que le vendeur se trouve dans l'impossibilité de la livrer.

Serrons de près l'argument, afin qu'aucune confusion ne soit possible.

Qu'aurions-nous donc vendu, d'après le Tribunal? Pour que son raisonnement fût absolument exact, il faudrait admettre que ce que nous aurions vendu, c'est le coupon même de l'action dont la délivrance ne peut aujourd'hui se faire. Mais est-ce soutenable, Messieurs? Gardons-nous des amphibologies. Le mot « Action » signifie à la fois, et le droit de l'associé dans la Société, la Part Sociale, et le titre représentatif de ce droit. Or il est évident que la vente a porté sur le droit lui-même, et non pas sur la feuille de papier qui le représente. Mais, si c'est le droit qui a été vendu, la vente n'a donc pas manqué d'objet, et, tout au plus, resterait-il à soutenir que cet objet avait péri au jour de l'exécution du contrat, et que, comme son achat avait été subordonné à sa délivrance, la perte en devrait incomber au vendeur, aux termes de l'article 1182 du Code civil.

C'est, en effet, Messieurs, ce que soutenait, en première instance, M⁰ Clausel de Coussergues. La thèse change alors, et il ne s'agit plus que de voir si une vente à l'émission constitue réellement une vente sous condition entraînant l'application du principe de l'article 1182; ou si plutôt et simplement elle ne constitue pas une vente à terme?

Je dis, Messieurs, que l'émission à laquelle °la vente se réfère n'en peut être considérée comme une condition véritable. D'abord, si c'était une condition, elle serait potestative et nulle, car le vendeur serait précisément celui qui est tenu de l'accomplir.

D'autre part, comment la loi définit-elle la condition? C'est un évènement futur et incertain, qui échappe aux prévisions et qu'il n'appartient à aucune des parties d'accomplir. Or, l'émission, une fois la Société créée, est un évènement certain, fatal dans son accomplissement, qui ne peut donc être l'objet d'une condition.

Qu'est-ce donc que l'émission dont on parle? A mon sens, Messieurs, ce ne peut être que l'indication d'un terme, et, si vous partagez cet avis, les responsabilités changent. C'est l'article 1185 et non l'article 1182 qui régit les conséquences de la perte de la chose vendue. C'est l'acheteur qui doit les subir, puisque, dès le jour de la vente, il a été investi du droit de propriétaire.

Permettez-moi, Messieurs, de mettre cette interprétation sous le couvert de Me Clausel de Coussergues lui-même.

Voici ce qu'il disait devant les premiers juges : « L'émission, disait-il, est une opération en deux actes : le premier qui consiste à créer l'action elle-même, à constituer la Société ; le second qui consiste dans la délivrance des titres et dans le règlement des opérations. Il y a là inévitablement un *terme* qui est incertain, et qui est à la discrétion des vendeurs. »

Nous devrions donc être d'accord. L'émission a pu suspendre l'exécution de la vente, mais non pas son effet !

Et, Messieurs, voyez combien les conséquences auxquelles nous conduirait cette interprétation des actes serait conforme à la vérité des faits comme à la justice. Quand on dit que la chose vendue a péri, quels sont donc les évènements qui en auraient entraîné la perte ? J'en vois deux : la faillite et la nullité de la Société.

La faillite ! mais n'est-il pas naturel qu'elle incombe à l'acheteur, devenu membre de l'association du jour de la vente ?

Supposez que l'*Union générale*, au lieu de marcher à une catastrophe, eût réalisé sur ses opérations des bénéfices considérables. avant le jour où la délivrance des titres aurait pu avoir lieu. Qui donc aurait réalisé ces bénéfices? Nos acheteurs n'en auraient-ils pas eu leur part? Eh bien, qui a la chance du profit, ne doit-il pas avoir l'aléa de la perte?

Quant à la nullité de la Société, est-ce donc que le vendeur d'actions peut être tenu de garantir la validité de la Société dans laquelle il a transmis ses droits? Je ne pense pas que mon honorable contradicteur ait l'idée de s'engager sur un pareil terrain. Aucun auteur ne l'a jamais soutenu, et je ne connais pas d'arrêt de justice qui soit, sur ce point, contraire à la doctrine.

Ni l'article 1641, ni l'article 1693 du Code civil ne sont applicables à la matière, ainsi que plusieurs de mes confrères l'ont éloquemment prouvé, et il y a pour cela une raison majeure, c'est que nous sommes ici gouvernés par une loi spéciale qui nous soustrait aux règles communes, suivant l'adage : *Specialia generalibus derogant.*

Et si ce principe n'est pas contesté pour des ventes qui ont été accompagnées de livraison de titres, on ne voit pas pourquoi il le serait à l'occasion de ventes, avant l'exécution desquelles un évènement comme une faillite est venu mettre obstacle à cette livraison. — Qui n'est pas garant le lendemain de l'exécution ne peut l'être la veille. — Une telle garantie ne saurait être assujettie à une question de date. Elle existe du jour de la vente, ou elle n'existe pas.

Non, elle n'existe pas, elle ne peut exister, car à quels bouleversements économiques et commerciaux nous exposerait-elle ?

On vous a cité des exemples faits pour frapper vos esprits. On n'avait pas besoin pour en trouver de sortir du procès, qui nous en fournit d'assez saisissants.

S'il pouvait être vrai que la nullité de la dernière émission de l'*Union générale* entraîne celle des ventes d'actions nouvelles, est-ce que nous ne savons pas que l'émission de 1880, que celle de 1879 sont également nulles, et faudrait-il donc aussi revenir sur toutes les négociations conclues depuis trois ans au sujet des titres créés par ces diverses émissions ? Une loi qui aurait permis de pareilles perturbations est-elle possible ? Il est des questions qui se jugent par l'absurdité de certains résultats.

Plus vous y voudrez bien réfléchir, Messieurs, et plus vous serez conduits à penser que cette théorie de la garantie n'a pas même pour elle un semblant d'équité.

Laissez-moi vous citer un des faits que l'étude de ce procès m'a fait connaître et qui vaut bien la peine de fixer vos méditations.

Il est un de ces pères de famille dont un de mes adversaires s'est complu à nous parler, qui, jusque-là étranger aux spéculations de Bourse, a eu l'infortune de se trouver en relations avec un des actionnaires fanatiques de l'*Union générale*, au moment où la souscription des actions nouvelles venait de s'ouvrir. Il avait un capital sans emploi de trois cent mille francs. Cet actionnaire lui donna le conseil d'acheter des actions anciennes pour devenir souscripteur. Qu'avait-il à craindre? aussitôt la Société reconstituée, il vendait à la fois et ses actions anciennes et les actions nouvelles, le tout sous forme de nouvelles, en réalisant sur cette vente un bénéfice dont pendant plusieurs semaines il crut pouvoir se réjouir. Courte illusion, hélas! Aujourd'hui il se demande avec anxiété ce qui va advenir de sa négociation. S'il n'a pas d'acheteur, c'est pour lui une ruine sans exemple. Non seulement il perd ses 3oo,ooo francs, mais il lui faut encore libérer ses titres anciens. Sa perte dépasse toutes les prévisions imaginables!

— Eh bien! de bonne foi, est-ce à cet inconscient qu'une garantie peut être sérieusement demandée? — S'il a eu le tort de s'aventurer sur un terrain qu'il ne connaissait pas, ceux qui ont voulu entrer en possession de ses actions sont-ils plus excusables ? N'est-ce pas eux qui ont été les véritables spéculateurs ? N'est-ce pas eux qui, sans débourser un centime, ont escompté d'avance les bénéfices qu'ils attendaient du temps ? Ont-ils à s'en prendre à d'autres qu'à eux-mêmes de l'échec final auquel ont abouti leurs espérances ? Vous en déciderez, Messieurs; mais, quoi qu'il advienne, et bien que ces dernières questions soulèvent, je le reconnais, des difficultés que je n'avais pas rencontrées dans l'examen des premières, j'aurai eu la conscience de soutenir, du commencement à la fin de ces longs débats, des solutions honnêtes, morales et profondément équitables.

Mes adversaires ont pourtant semblé le méconnaître, mais j'ai le droit de leur dire que le souci partial des intérêts qu'ils ont en mains les a entraînés à déplacer les situations.

L'un d'eux, après vous avoir tracé, dans un langage magistral, le tableau des ruines accumulées par la faillite de l'*Union générale*, s'est, à un moment de sa plaidoirie, écrié : « L'heure est venue de compter les morts et de panser les blessés » ; et puis, renversant les rôles, il ne s'est senti de pitié que pour les actionnaires de cette Société néfaste, et on aurait pu croire, à l'entendre, que leurs créanciers ne devaient pas même compter au nombre des victimes.

Qu'il me soit permis de protester !

A Dieu ne plaise que je cherche à irriter, par de stériles reproches, les cuisants regrets d'adversaires déjà bien assez attristés ; mais, puisqu'on a voulu mettre en comparaison l'intérêt dont ils pouvaient être dignes et celui qui doit s'attacher à mes clients, j'ai bien le le droit de restituer à chacun la place qui lui appartient, et de rappeler la nature des actes qui la lui ont créée ?

D'un côté, Messieurs, et derrière moi, qui donc voyez-vous ? Tous ceux qui ont versé dans les caisses de l'*Union générale* leurs capitaux ou qui ont traité avec elle sur le crédit que leur inspiraient les garanties promises par ses statuts ou organisées par la loi. — A ceux-là, que reprocher ? Quelle responsabilité ont-ils encourue ? Comment, quand le désastre commun éclate, ne pas les mettre au premier rang de ceux qui méritent d'être plaints et soulagés ! N'est-ce pas à eux, en définitive, que doivent, avant tout, revenir les épaves dispersées de ce patrimoine social qui avait déterminé leur confiance, et qui a été si témé-

rairement dilapidé dans les spéculations verti-
gineuses auxquelles tous les membres de
l'*Union générale* se sont plus ou moins directement associés ? Voilà bien, vous le recon-
naîtrez avec moi, le côté des sympathies légitimes ; voilà bien, suivant le mot de Me Barboux, les premières blessures à panser, et les
premiers morts à relever du champ de ba-
taille !

Au contraire, Messieurs, et du côté de mes
adversaires, qui donc élève la voix, et d'où
sort ce concert de plaintes ? Ah ! là se trouve
le groupe compact des souscripteurs déçus,
des actionnaires trompés, des porteurs, des
vendeurs et des acheteurs d'actions nouvelles
de l'*Union générale*! Oui, sans doute, leur
position est aussi lamentable, mais, pour eux,
qui donc les obligeait à venir prêter leur concours à l'organisation ou à l'extension d'une
Société qui est, après tout, leur œuvre personnelle ! Ont-ils tous, plus ou moins, fait
autre chose que se laisser éblouir par le mirage des bénéfices fabuleux qu'ils se croyaient
sûrs de réaliser en quelques jours ? Rappelez-
vous, Messieurs, le spectacle que, pendant
plusieurs semaines, nous ont donné les grandes Bourses de Lyon et de Paris : tous ces
ordres d'achats d'actions anciennes affluant

au Parquet pour faire acquérir le privilège de
souscrire à des actions nouvelles ; le progrès
ascensionnel des cours grisant les esprits et
précipitant, chaque jour, plus avant dans
une aventure sans issue une vraie cohue de
grands et de petits capitalistes pour lesquels
l'*Union générale* n'était plus une Société
d'affaires, mais était devenue un véritable
tapis vert ; la contagion devenant si générale
et si redoutable, qu'impuissants à l'arrêter,
les directeurs de l'*Union* se voyaient obligés
de l'entretenir de leurs propres ressources
afin, au moins, d'en retarder l'explosion ;
l'épouvantable désastre arrivant, enfin, au
bout de cette course désordonnée, et alors,
se réveillant en police correctionnelle comme
d'un rêve, MM. Bontoux et Fœder, surpris
qu'on les prît seuls à partie, s'excusant de
leurs propres témérités par celles d'un public
qui les avait, en partie, poussés à les commettre, appelant à témoins la foule innom-
brable de leurs complices, et s'étonnant
enfin de trouver tant d'accusateurs parmi
ceux dont ils étaient la veille, plus qu'ils ne
l'auraient voulu peut-être, les fétiches ou
les héros...

N'est-ce pas là, Messieurs, de l'histoire ?
L'étendue et la profondeur de la catastrophe

peuvent-elles faire oublier la moralité des souvenirs? Non, non ! Sachons être et soyons justes. Ceux-là n'ont guère le droit de parler si haut et ont le devoir d'être plus modestes, qui, suivant la fortune avec cette fureur, n'ont fait qu'expier dans leur chute leurs blâmables imprudences. Qu'ils soient à plaindre, je le veux ; mais qu'ils ne songent pas à se relever de leur ruine au détriment des infortunés créanciers dont leurs folies ont anéanti le gage!

Suum cuique. C'est là, pour mon compte, ce que je vous demande. Que ceux qui sont sans faute soient aussi sans responsabilité; que ceux au contraire, qui devraient se sentir responsables, cèdent le pas à leurs innocentes victimes.

AFFAIRE CHAMBIGE

COUR D'ASSISES DE CONSTANTINE

*Plaidoirie pour Mme veuve Jackson et M. Grille,
parties civiles.*

Messieurs les Jurés,

Si Mme veuve Chambige, si les amis d'Henri
Chambige assistent à cette audience, je les
prie de me pardonner d'avance le mal que
pourra leur causer le langage qu'ils vont
entendre ; mais, quelque respect que m'inspire
leur légitime douleur, j'appartiens, avant
tout, au grand devoir qui m'amène devant
vous, et, ce devoir, je le remplirai tout
entier.

Henri Chambige est accusé d'avoir assas-
siné Mme Grille, et, en effet, il résulte de ses
propres aveux que c'est lui qui l'a tuée en
tirant, à bout portant, sur elle, deux coups
d'un revolver qu'il avait acheté dans ce
dessin.

6

Est puni de la peine de l'assassinat, dit la loi pénale, quiconque commet avec volonté et préméditation un homicide. Chambige s'est bien volontairement rendu l'auteur d'un homicide, puisque, de propos délibéré, il a donné la mort. Cet homicide, il l'a bien prémédité, puisqu'il s'y est préparé par l'acquisition de l'arme qui en a été l'instrument. Il est donc bien incontestablement, et dans la force légale du terme, un assassin !

Mais cet assassin, qui sent l'expiation suspendue sur sa tête, et qui entend, à travers le cercle des amis qui lui font cortège, le cri de la réprobation publique, se replie dans sa lâcheté et s'exalte dans son orgueil. Il n'y a pas à espérer qu'il confesse la vérité qui l'accable. Il voudrait, au moins, s'il le peut, amollir la sévérité de la justice devant laquelle il tremble, jeter le trouble dans l'opinion dont sa vanité a peur; et, comme il a l'étoffe d'un romancier pervers et d'un comédien redoutable, il imagine toute une histoire calomnieuse sur les mobiles qui l'ont fait agir, et il ne craint pas d'associer à la responsabilité et à la honte de son crime la malheureuse femme dont il a pris la vie et qui n'est plus là pour se défendre et protester.

Sa main, vous disons-nous, est celle d'un meurtrier ? Sans doute ; il ne peut le nier ; mais le meurtre qu'il a commis est, d'après lui, sublime. Pauvre Magdeleine Grille ! Elle a voulu mourir avec lui, dans un dernier baiser, et, en la frappant, il n'a été que l'exécuteur docile d'un suicide dont ils avaient ensemble formé le projet. Il s'est épargné, il est vrai, après l'avoir cruellement massacrée ; cependant il ne faut pas trop lui en vouloir s'il a suffi d'une balle lui traversant la joue pour le ramener au sentiment de la conservation personnelle et lui enlever le courage de mourir à son tour. Les hommes pourront ne pas comprendre, mais les drames de l'amour sont faits de sang et de folie, et la froide raison n'a pas le droit de juger les égarements du cœur.

C'est, Messieurs, cette audacieuse bravade, ce triste système de défense qui vous expliquent ma présence à cette barre.

La voix indignée du ministère public eût fait plus que suffire s'il ne se fût agi que de prononcer sur le sort de Chambige, mais votre verdict devant être, puisqu'il l'a voulu, comme une sorte de jugement d'outre-tombe qui engagera l'honneur d'une mémoire sacrée, il était nécessaire que tous ceux qui ont la garde de cette mémoire se levassent pour repousser les accusations qui la souillent, et j'ai dû venir jusqu'à vous faire entendre ce cri de protestation, à l'appel d'un mari désespéré, de deux enfants en larmes, d'une mère désolée, tous les trois confondus dans un même deuil, et qui ne savent ce qu'il y a de plus douloureux pour eux dans cet ignominieux débat, ou de l'outrage fait à leur chère morte, ou du sentiment que, quoiqu'il advienne, tout est irréparable, et qu'ils ne la reverront plus jamais !

Je prouverai, Messieurs, en leur nom, les mensonges de Chambige ; j'établirai l'impossibilité de conserver un soupçon sur celle qu'ils ont tant aimée et qu'ils n'ont cessé, après l'épouvantable catastrophe, d'entourer de leurs respects. Vous apprécierez, ensuite, dans la paix et l'intégrité de vos consciences, et vous saurez dire si l'assasin qui a cherché à se disculper en diffamant sa victime n'a pas encore rendu plus odieux, s'il est possible, son exécrable forfait !

Comme je tiens à ne demander la lumière qu'à un examen attentif et raisonné des faits et des caractères, je crois qu'avant de discuter les justifications présentées par Chambige, il est, tout d'abord, utile que je vous le fasse connaître, en même temps que j'évoquerai la figure de celle dont il voudrait faire une mère indigne, une épouse adultère, une femme sans raison, sans conscience et sans cœur. Dans le rapprochement de leurs deux portraits, je serais étonné si vous ne trouviez pas un contraste qui vous sera un commencement d'explication saisissant de l'horrible drame dont nous aurons, ensuite, à éclaircir le mystère.

Mme Grille, Messieurs (c'est par elle que je commence), approchait de sa trentième année au moment de sa mort. On peut dire que, dans cette vie déjà remplie, on chercherait vainement un acte, un trait, une attitude dont il aurait pu rester une impression inquiétante dans l'esprit de ceux qui l'ont le mieux connue. Rarement on rencontre un type aussi accompli de bonne grâce à la fois et de sagesse, de bienveillance et de candeur, de saine gaieté et de droiture parfaite. Élevée au sein d'une famille des plus honorables, par une mère et un père qui étaient pour des enfants les meilleurs modèles à suivre, elle a été pendant toute sa jeunesse l'orgueil de ses parents. A vingt ans, elle a trouvé dans un ami d'un de ses frères le mari de son choix, et elle a épousé ce jeune ingénieur, si vaillant et d'intelligence si ouverte et si haute

dont vous avez recueilli les poignantes déclarations. Ils avaient été rapprochés par une de
ces inclinations mutuelles, qu'on rencontre
trop rarement dans les unions d'un certain
monde, et qui, lorsqu'elles ont pris possession de deux âmes également nobles, créent
entre elles des liens que la mort même ne
dissout pas. La sincérité et la profondeur de
cette inclination s'étaient révélées dans des
difficultés mêmes qu'avait rencontrées leur
mariage. Ils appartenaient à des religions différentes. M. Grille était catholique, elle était
protestante. Elle avait autour d'elle des parents
qui n'étaient pas sans ressentir de vives répu-
gnances, qu'elle partageait elle-même, pour
une alliance mixte, mais l'objection n'arrêta
pas l'énergie de son amour.

Presque aussitôt après s'être donnés l'un
à l'autre, il avait fallu à M. Grille quitter la
France pour venir en Algérie s'installer dans
son poste d'ingénieur de l'Est algérien. Elle
avait alors donné la mesure du sentiment
auquel elle avait obéi en l'épousant. On
l'avait vue accepter l'expatriation en femme
courageuse et dévouée. Elle s'était éloignée
de Paris, où vivaient tous les siens, sans
rien montrer des regrets qu'elle en pouvait
avoir; on avait compris que, désormais,

tout entière à ses promesses, elle n'avait plus
qu'une pensée : être le rayon de son foyer,
la joie de sa maison, où qu'il plût à Dieu lui
tracer le devoir de suivre le compagnon de sa
vie.

Si elle n'avait laissé dernière elle, parmi
les témoins de sa jeunesse, que les affections
les plus tendres et les sympathies les plus
vives, elle devait d'ailleurs rapidement se
créer en Algérie de nouveaux amis prêts à
concevoir pour elle les mêmes sentiments.
Elle avait, en effet, le don de plaire et, en
même temps, d'imposer l'estime de son caractère. Partout où elle est passée, elle a laissé
la même trace lumineuse et on a eu d'elle la
même opinion.

Vous connaissez déjà de nombreux témoignages qui peuvent vous permettre d'apprécier s'il y a exagération dans le portrait que
je trace. Laissez-moi vous en citer encore
quelques autres qui ne vous laisseront plus
rien ignorer de ce que vous en devez penser.

Voici, d'abord, une déposition de M. de
Pressensé, membre du Sénat, et pasteur de
l'Église réformée :

J'ai eu l'honneur de connaître depuis son adolescence Mme Grille, étant dans les rapports les plus
intimes avec sa famille. Très liée avec une de mes

filles, sa contemporaine, je l'ai suivie de près pendant son adolescence et sa jeunesse jusqu'après son mariage. Je l'ai connue comme la jeune personne et la jeune femme la plus accomplie à tous égards, réunissant toutes les qualités du cœur et de l'esprit, de telle sorte que la possibilité d'une déviation morale de sa part me paraît absolument contraire à tout ce que je connais d'elle.

Je n'ai pas eu occasion de voir Mme Grille depuis son séjour à Constantine, mais voyant souvent sa famille de Paris, je savais qu'elle était telle comme jeune femme que je l'avais connue comme jeune fille.

Voici encore la déclaration de trois jeunes femmes, distinguées entre toutes, qni ou été les amies d'enfance de Mme Grille :

Mme *Boutmy* :

Mme Grille était pour moi une amie très intime ; je l'ai vue la dernière fois ici, en juin 1886. Depuis nous nous sommes écrit quelquefois. Je puis assurer que mon amie était la personne la plus respectable, la plus attachée à ses devoirs d'épouse et de mère. Je tiens aussi à ajouter que c'était une femme très sérieuse, nullement romanesque. Si on me disait que Mme Grille, lors des évènements de Sidi-Mabrouck, a cédé à quelque entraînement de passion, je trouverais cela monstrueux.

Mme *Vaucher* :

J'ai beaucoup connu Mme Grille, surtout dans sa jeunesse, puis elle s'est mariée et elle est allée s'établir en Algérie, je l'ai perdue de vue forcément.

Cependant, lors du dernier voyage qu'elle fit ici, en juin 1886, je la rencontrai plusieurs fois et nous eûmes alors des conversations de toute intimité; c'est ce qui me permet de vous affirmer d'après les sentiments qu'elle m'exprima, que son affection pour son mari était des plus vives. Je tiens à dire que c'était une personne dénuée de toute coquetterie, parfaitement équilibrée au moral et au physique. — Je me révolte à la pensée qu'on pourrait croire Mme Grille capable d'une pareille défaillance à ses devoirs d'épouse.

Mme *Eschassériaux* :

Mme Grille était une de mes amies d'enfance; je l'ai vue pour la dernière fois en juin 1886. Elle me parla alors de son mari dans les termes de l'affection la plus vive, presque la plus exagérée dans la forme. Je repousse avec indignation la supposition que Mme Grille aurait pu oublier, même un instant, ses devoirs d'épouse.

Elle m'écrivait souvent; la dernière lettre que j'ai reçue d'elle était à l'occasion du 1er janvier 1888. Je l'ai détruite; c'était d'ailleurs une lettre qui n'aurait offert aucun intérêt pour l'instruction.

Quant à l'inculpé, jamais je ne l'ai vu et jamais,

avant le drame de Sidi-Mabrouck, je n'avais en-
rendu parler de lui par qui que ce fût.

Voici, enfin, deux lettres venues du Tonkin
à la nouvelle du crime ; — la première,
écrite au malheureux mari par le comman-
dant Gœtchy, — la seconde, adressée par
Mme Gœtchy à la pauvre mère :

Hanoï, 24 mars 1888.

Mon pauvre ami, en rentrant d'une longue
tournée vers les frontières de Chine, nous ouvrons
notre courrier de France tant désiré et la première
lettre que ma femme lit, celle venant de son père,
bien entendu, lui apprend l'affreuse nouvelle.
Quel épouvantable malheur ! Cette pauvre et sainte
créature, adorée de tous ceux qui la connaissaient,
ne vivant que pour son mari et ses enfants !!
Nous sommes totalement atterrés, et je ne puis
trouver d'expresssions pour peindre mon horreur
et mon mépris pour l'ignoble misérable qui ose
encore la calomnier.

Vous savez bien, n'est-ce pas, que si j'avais été
là, je vous aurais aidé de toutes mes forces dans
les tristes recherches que vous devez faire pour
assurer le châtiment qui attend cet être ignoble.
Vrai, on comprend les supplices inventés par les
Annamites quand on se trouve en présence de
pareils misérables, de brutes de ce genre.

Mon pauvre ami, que vous dirai-je ? — Chercher

à vous consoler, certes, je n'y pense pas; nous aurions voulu être là, à Constantine, pour pleurer
avec vous. Ma femme a poussé un cri épouvantable
en ouvrant la lettre et elle s'est laissée tomber
absolument affolée. Elle est encore sous une telle
impression de terreur et de douloureux chagrin que
j'ai beaucoup de peine à changer le cours de ses
idées pour la distraire un instant.

Je suis ou plutôt nous sommes de tout cœur avec
vous, avec les pauvres petites mignonnes que nous
aimons tant, avec sa famille qui l'adorait et cette
pauvre Mme Jackson à laquelle nous vous prions de
dire tout particulièrement notre peine, car elle
sait combien nous aimions la chère morte, la
seule amie que j'ai connue à ma femme.

Je vous embrasse bien cordialement et suis tout
à vous, navré d'être si loin et de ne pouvoir vous
être d'aucune utilité.

A vous de cœur.   Gœtschy.

Je tiens, chère Madame, à ce que le courrier
emporte pour vous l'expression de ma profonde
douleur et je vous trace rapidement ces lignes
écrites sous l'impression terrible que m'a causée,
il y a deux jours, la nouvelle de la mort affreuse
de notre chère Madeleine. J'en ai été comme affolée,
et mon émotion, mon chagrin s'augmentent quand
je pense à vous, pauvre mère, au malheureux
mari et aux deux chères mignonnes si adorables ;
elles sont bien les filles de leur admirable, charmante mère, et c'est en elles que vous puiserez vos

seules consolations. Vos angoisses sont les nôtres, chère Madame, nous l'aimions tant et si bien, elle était et restera toujours, pour ceux qui l'ont connue, la femme adorable, digne de l'estime et du respect des plus indifférents.

Le misérable ! Je ne l'ai jamais vu, mais je le savais d'un caractère sombre, étrange ; c'est là qu'il devait en venir et il a fallu que ma chère et malheureuse amie soit sa victime !

Dites bien, je vous prie, à Mme votre mère, pour laquelle notre chère morte avait une si grande vénération, à Mlle Balguerie, sa bonne tante, à laquelle elle était si reconnaissante de son dévouement, de ses gâteries, combien nous sommes avec vous toutes dans cet horrible malheur ; nous souffrons, nous pleurons avec vous et nous prions ce Dieu si bon, si paternel, de vous soutenir dans cette épreuve si cruelle, si poignante, si pleine d'angoisses.

Je ne puis assez vous dire combien je vous plains, chère Madame, vous surtout qui connaissiez mieux que personne les adorables qualités de votre fille ; tous ceux qui l'approchaient en avaient conscience et en subissaient le charme.

Je m'arrête, chère Madame, je crains de raviver votre plaie saignante plus qu'il ne convient ; du reste, je suis moi-même si malheureuse et je sens si bien tout ce que vous éprouvez de douloureux, que je ne puis m'appesantir davantage.

Recevez, chère Madame, avec les hommages de

mon mari, l'expression de notre profonde et respectueuse sympathie,

E. Gœtschy.

Que de larmes sur cette tombe; que de pro-
testations émues dans tous ces échos !

Cependant, Messieurs, les années ne
s'étaient pas écoulées sans apporter à cette
femme charmante leurs joies et leurs épreuves.
Mme Grille a été trois fois mère. Elle a eu deux
petites filles, l'une aujourd'hui âgée de
neuf ans, l'autre de sept : C'étaient les joies !
Elle a eu aussi un petit garçon qui a, hélas!
été l'épreuve. Elle avait eu la douleur déchi-
rante de perdre ce petit être chéri cinq ou
six mois à peine avant de rencontrer Chambige. Elle semblait ainsi triplement défendue
contre les dangers auxquels devait l'exposer
le contact de cette nature dépravée, et par
tout ce qui commandait en elle le respect, et
par les affections pures et profondes qui rem-
plissaient son âme, et par le deuil même qui
venait récemment, en assombrissant son existence, de l'éloigner plus que jamais de tout
plaisir frivole et mondain.

Si telle était Mme Grille au moment où
Chambige s'est présenté sur sa route, qu'était,
de son côté, ce sinistre héros de roman ? Je

me défierai de moi-même en cherchant à vous
le dépeindre, car je veux, avant tout, être
exact, et je sens que, sous l'empire de la ré-
pulsion qu'il m'inspire, il n'y a point en moi
les conditions d'un juge impartial. Je laisserai
donc parler les faits ; je ne ferai que retenir
les renseignements que l'instruction nous a
fournis sur son compte, et, si je me permets
quelques commentaires, ce ne sera que pour
faire ressortir la moralité de ce que d'autres,
en dehors de moi, vous auront appris.

Si je prends Chambige dans sa jeunesse,
Messieurs, je vois que, dès son bas âge, il a
été marqué du sceau de la fatalité. Il est de
ces êtres qui semblent apporter dans la vie la
lointaine coulée de quelque redoutable héré-
dité. A treize ans, c'est lui-même qui nous l'a
dit dans les confessions de ses interrogatoires,
il n'avait ni l'innocence, ni la fraîcheur, ni
l'épanouissement heureux qui font aimer le
front des adolescents. Désillusionné précoce,
il avait déjà des idées de suicide, et il traînait
avec ennui le dégoût de sa petite et chétive
personne.

Ses noires pensées lui sont revenues vers
la vingtième année, ou plutôt n'ont cessé de
le hanter ; et, du jour où il a su en approfondir la cause, il l'a bien définie lui-même.

Il a toujours senti en lui, avoue-t-il, un défaut
d'équilibre. Ses aspirations débordaient ses
forces. Son ambition était disproportionnée
avec les facultés de son cerveau. Il embrassait
plus qu'il ne pouvait étreindre ; et, dans le
désenchantement que lui causait son impuissance à fixer et à satisfaire les rêves incohérents de sa pensée, il portait en lui la souffrance d'un perpétuel avortement. Une règle
morale faite de convictions bien assises peut
seule garer du vertige ces âmes tourmentées
en mettant, à la place de l'égoïsme qui les
égare, la salutaire orientation de devoirs à
remplir, mais, hélas ! l'âme de Chambige
était sans boussole comme elle était sans frein.
Un de ses amis, qui l'a bien connu, un jeune
étudiant du nom d'Emmanuel Daninos a
porté sur lui ce jugement que tout confirme :
« C'était un sceptique complet : il ne cachait
« pas ses opinions matérialistes. Sous des
« dehors de douceur, il avait une volonté de
« fer. » Nous n'avons point à nous livrer ici à
des discussions philosophiques, mais ne nous
est-il pas permis de voir là un trait de
lumière qui devrait donner à réfléchir aux
chefs d'une certaine école ? Ne croire à rien,
ou plutôt admettre que tout procède du hasard et qu'aucune loi supérieure et providen-

tielle ne préside aux actions des hommes;
nier Dieu, c'est-à-dire la loi morale; nier
l'âme, c'est-à-dire le libre arbitre et la responsabilité; ne voir, enfin, dans le monde,
que la matière dominant toutes ses créations
de son fatalisme obscur et grossier, n'est-ce-
pas la préparation à la servitude de tous les
instincts malfaisants et de toutes les passions
basses dont est pétri le corps humain? Certes,
je lance ne point l'anathème, car je sais bien
qu'après de libres recherches, las de poursuivre des vérités que nous ne pouvons qu'en-
trevoir, des esprits de haut vol ont pu en
venir à cette sincère conviction du néant sans
que l'indépendance native de leur conscience
en ait été atteinte; mais ce ne peut être là
que le privilège de ces travailleurs infatigables
de la pensée qui oublient un peu la terre dans
les hautes spéculations où ils vivent, et, quand
je parle de l'effet inévitable de leurs doctrines
sur certaines âmes, je songe surtout à Chambige et à la masse des hommes qui, comme
lui, ne sont ni des penseurs, ni des philo-
sophes, mais des êtres faits d'argile que les
impressions reçues du dehors déforment ou
dégradent quand aucun rayon d'en haut n'est
là pour les éclairer, les prémunir et les
sauver.

Chambige doutait de tout : nous ne pouvons donc être surpris qu'il ait douté de la vertu, qu'il ait méconnu l'honneur, et que rien ne l'ait arrêté dans la poursuite de ses conceptions déréglées.

Il ne connaissait que la matière : il n'est donc pas étonnant que son imagination affolée l'y ait plongé peu à peu jusque dans la boue et dans le sang.

Oui, elle était, hélas ! préparée pour le crime, cette imagination dévoyée d'échappé d'école déjà blasé, déjà vicié jusqu'aux moelles, qui affectait d'être renseigné sur toutes les défaillances humaines et qui se faisait de son indifférence en toutes choses un sujet de pose dans les salons ; qui disait un jour, à propos de Bourget, « que nul ne devait répondre « dans sa vie de ne pas tuer quelqu'un », ou qu'on entendait plaisanter un autre jour sur l'escapade qui avait failli le faire poursuivre comme déserteur, proclamant d'un ton léger « qu'il aurait bien voulu rentrer au régiment « les menottes aux mains, afin d'éprouver des « sensations nouvelles. »

Ah ! Messieurs, ne nous y trompons pas ! de même que le nuage précède l'orage, de même les grands crimes ont presque toujours comme avertissements précurseurs, chez ceux

qui peuvent s'en rendre coupables, ces actions
louches, ces propos suspects, ces attitudes
étranges... Les braves gens devant lesquels
Chambige a fait étalage de ses théories cy-
niques ont pu s'y tromper, mais méfiez-vous,
méfions-nous toujours du jeune homme dont
les yeux sont vides d'espérance, dont le front
est sombre et morose, dont la bouche se con-
tracte dans un rire sarcastique et amer, qui
ne croit plus à rien, sinon qu'il se sent prêt
à tout. Il y a dans ce desséchement précoce
les germes de la mort!

Ce portrait, Messieurs, serait-il pourtant,
trop chargé de mes préventions? Eh bien,
vous allez voir, à côté, celui que, par une
coïncidence fatidique, Chambige a tracé lui-
même, et vous me direz si je n'ai pas plutôt
atténué les couleurs.

Chambige n'était pas simplement, vous le
savez, un de ces braves étudiants en droit
qui préparent leur jeunesse studieuse pour
les luttes de l'avenir. Il avait des ambitions
littéraires, et, vivant dans l'intimité de quelques jeunes gens qui partageaient ses goûts,
il s'essayait avec eux, et se grisait, par moments,
en se voyant déjà grand écrivain, de rêves de
gloire. Rien de plus noble et de plus respectable assurément que ce culte des lettres quand

il n'est pas accompagné d'impatiences déréglées, mais ce jeune cénacle renchérissait sur
les déplorables tendances d'une école qui
cherche le succès dans l'étrangeté de ses inno-
vations. Il essayait de forcer l'attention, et
visait à l'originalité en cherchant de nouvelles
théories sur le problème de la vie, toutes fon-
dées sur la glorification de l'instinct égoïste
opposé à l'idée d'un devoir social ou moral à
remplir.

Je n'ai pas à dire tout ce que, à mon sens,
il peut y avoir de périlleux pour la pensée
qui s'y livre dans ce mirage d'immoralité.
Parmi ces jeunes initiateurs, je trouve, en
effet, en première ligne, M. Martin Laya,
intime de Chambige, dont l'œuvre ne m'appartient pas et auquel, n'étant point ici pour
faire son procès, je n'entends porter aucune
blessure. Mais si je n'ai pas à formuler un
jugement sur un ensemble de doctrines que
d'autres, à coté de Chambige, ont professées,
au moins Chambige m'appartient-il, et ne
peut-on me contester le droit de m'occuper
de lui quand j'y trouve son nom mêlé.

Or, Messieurs, Chambige s'est occupé avec
amour de la conception et de la création d'un
roman auquel M. Martin Laya a donné son
nom, et qu'il a fait éditer peu de temps avant

la date fatale du 25 janvier. Ce roman est l'étude psychologique des transformations que le spectacle du monde doit apporter dans l'état d'esprit du jeune homme le jour où, échappant à la tutelle de sa famille, il s'aperçoit que, dans certains milieux sociaux, il n'y a rien de commun entre les réalités qui frappent ses yeux et les leçons de fausse pruderie données à son enfance. Plus ce jeune homme a de hardiesse dans l'imagination, plus il a de pénétration dans la pensée, plus il a d'énergie vitale à dépenser, et plus il doit souffrir des liens qui le rattachent au passé, plus il doit avoir hâte de les rompre; plus il doit savoir promptement se placer au-dessus des préjugés acquis et se sentir disposé à affirmer sa force en s'émancipant de tout ce qui peut être une gêne à la satisfaction de ses caprices et de ses passions. Mais il y a un lendemain à ce débordement d'indépendance. Le cœur se trouble; il s'émeut, malgré lui, du souvenir des anciennes affections dont il s'est affranchi; il se fait en lui comme une révolte; il lui faut chercher la paix en dehors de la joie des sens ou de l'orgueil. Une vue nouvelle des choses peut seule apaiser les mouvements du remords qui se fait encore sentir; et alors, pour ne plus souffrir de rien,

il faut qu'il ne croie plus à rien, et tout s'ef-
fondre en lui des anciennes croyances. Le
dernier mot de la sagesse, c'est donc un
scepticisme supérieur, un matérialisme hau-
tain qui nous placent au-dessus des conditions
communes.

Quel est le personnage de ce roman qui
offrira le développement de ces idées nova-
trices? C'est Chambige lui-même. Oui, sous
le nom d'Yvon d'Or, c'est bien lui qui a prêté
au développement de cette belle thèse, et
pour que vous n'en doutiez pas, je vous
apporte *Yvon d'Or*.

Chambige a voulu qu'on ne s'y pût tromper,
et, pour cela, le portrait physique a pris
placé à côté du portrait moral. Voici la cou-
verture; — regardez : au milieu d'un groupe
d'artistes se dresse, dans une pose affectée et
prétentieuse, la main sur la hanche, la tête
penchée en arrière, le personnage mis en
scène sous le nom d'Yvon d'Or. Ce sont les
traits, c'est la figure de Chambige. Tournons la
page ; nous ne nous sommes point laissé prendre à une ressemblance de hasard, car voici
la dédicace :

A mon ami Henri Chambige
Étudiant en droit.

« Je veux absolument joindre à ceux de

« mes parents bien-aimés ton nom, mon cher
« vieux, à toi qui as tant causé avec moi de
« notre Yvon, et dont j'ai toujours trouvé
« ouverts le cœur, la confiance et les deux
« mains. »

Et qu'est donc, maintenant cet Yvon, leur
Yvon, dont ils ont tant causé, qui leur appartient à tous les deux, où Chambige a déversé
tout ce qu'une recherche pénétrante lui a
permis de découvrir au fond de son propre
cœur, de sa propre pensée ? Vous allez être
édifiés, Messieurs ; écoutez seulement quelques
citations :

Yvon d'Or est à Paris. Le voilà lancé
dans la vie des plaisirs faciles. Je le prends
dans une fête, au milieu d'un bal public, à
Bullier.

Il se dressa et, levant son bâton, les deux mains
en l'air, il descendit de l'estrade dans la salle, faisant trou dans les quadrilles et criant.

— Une femme ! Une femme ! Une femme ! ! Je
veux une femme !

D'un bond, il soulève une chaise chez Conor, la
met au milieu de la salle, monte dessus et crie :

— Une femme ! Une femme ! A moi les femmes !
A moi les jolies femmes ! A moi les petites femmes !

Il y eut un silence de surprise, puis une houle ;
et toute la salle, gesticulant, criant, sautant, clame.

— Une femme ! Une femme ! A lui les jolies femmes ! A lui les petites femmes !

Et saisis à la fois de la même idée drôle, ils poussent toutes les femmes autour de la chaise d'Yvon criant toujours :

— Venez à moi, les petites femmes ! Laissez venir à la rabelaisienne parole de d'Or les gentilles petites femmes ! Venez chercher la miséricorde joyeuse des baisers et des rires ! Venez chercher la force du chahut et de la grande verve ! Laissez ! Laissez !

Et tandis que Conor commençait une grande marche triomphante et mettant des désirs dans les jambes, les hommes se formaient en un grand monôme ramassant vers Yvon d'Or toutes les femmes de la fête. Et la chaîne, se tenant par des queues de frac, des jupes de domino, des pans d'habit Louis XV ou de jaquette moderne, tournait, se repliant, se brisant, se raccrochant, avec des hauts de corps en avant, des jambes en arrière, un homme à droite, un autre fou à gauche, tournant, tournant, tournant.

Mais Yvon repartait et le monôme s'arrêtait. Et les yeux en feu, la tête en verve, il s'écriait :

— Écoutez, écoutez ! ! Écoutez, tous et toutes, folles et fous, papas et fils, laides et jolies, bourgeois, artistes, marquis, dominos, méphistos, arlequins, pierrots, etc., etc. ! Écoutez — et sa voix baissa, large, triste, écoutez l'histoire de Pierrot Pierrette :

Je sens bien qu'au fond de ce dévergon-
dage, ce n'est pas le masque de la gaieté que
nous voyons, mais plutôt l'image de la folie
s'étourdissant de ses grelots ; cependant,
Messieurs, c'est là la gaieté ou la folie de
Chambige !

Pourtant, cet Yvon d'Or qui rêve d'orgies
extravagantes, et que nous venons de voir
conduire la sarabande des filles de plaisir, en
rencontre une, un jour, à laquelle il fait une
déclaration d'amour, et la malheureuse se
prend, un moment, à son beau langage. Son
cœur resterait-il donc ouvert à quelque sentiment naturel et pur ? Laissez-moi vous lire
cette page navrante :

— Tu peux t'en aller, ma fille.

— Mais, Yvon, tu m'aimes et je t'aime !

— Allonc donc ! Moi, je ne t'ai pas aimée, toi tu
ne m'a pas aimé ! Nous nous sommes rencontrés
un jour d'entrain. Nous nous sommes plu. Nous
avions du plaisir à nous regarder. Nous avons
réuni nos deux plaisirs ! Ils sont finis, nous sommes
étrangers.

Tu étais jolie ; ta gracieuseté me flattait, pour
les camarades. Tu étais affectueuse, ton affection
me faisait du bien. Mais j'ai le cœur vide, mon
amie, je ne puis pas aimer. Oh ! j'aimerai peut-être
comme je t'ai aimée puisque ça s'appelle aimer !.

Mais ça cessera pour recommencer peut-être. Vois-
tu, j'en suis revenu des amitiés éternelles et des
amours fidèles ! A quoi cela sert-il l'amour ! En
quoi cela modifie-t-il les choses ? Ta tendresse me
rendra-t-elle tendre ? Non. Plus de femmes, alors
vois-tu ! D'ailleurs j'ai le droit de te tromper : J'ai
été trompé. Tu vois, je ne m'en porte pas plus mal.
Pas mieux non plus, il est vrai. Console-toi donc,
ma chère. Les trahisons des hommes t'apprendront
à trahir. Tu es à l'école. Tu pleures ? Pourquoi ? Tu
as de la peine ! Eh ! moi aussi, ma pauvre amie !
Dans quinze jours tu m'auras oublié ! Non ? Dans
quinze mois, si tu veux. Et tu aimeras d'autant
mieux ton nouvel ami que tes douleurs passées et
ma trahison te feront apprécier davantage tes joies
et sa fidélité. Les femmes, vois-tu, c'est comme les
pipes. Quand on en casse une, on la regarde, et on
en prend une autre. Ma pipe est cassée, je change
de pipe. Je suis cruel, n'est-ce pas ? Que veux-tu,
mignonne, il faut bien que je grossisse ma voix
pour t'en cacher les sanglots !

Ah ! la pierre est lancée, il faut qu'elle roule
à l'abîme. Que peut devenir cet épouvantable
fataliste ? L'analyse, sagace sans doute, de
MM. Chambige et Laya ne s'y trompe pas, et
voici, à mesure que l'intrigue du roman se
développe, les suites de cette émancipation
intellectuelle, je dirai, moi, de cette déchéance
morale. Rien n'est plus atroce que ce que je

vais encore vous lire, dans une autre page qui met Yvon d'Or en présence de sa mère pleurant l'innocence de son fils.

Cette rupture se fit un soir, bien calmement, avec des dessous de drame terrible. Il discutait violemment avec sa mère, sa mère qu'il adorait. Il lui disait dans la crudité naïve de son dépit, qu'il l'aimait moins, que les petitesses de la vie commune la lui diminuaient. Il lui déclarait qu'il voulait les quitter, et que, déceptions pour déceptions, déchéances pour déchéances, il préférait perdre la confiance dans les indifférents, et déchoir devant lui seul. Sa mère lui répondait très vivement, debout, sa belle tête pure enflammée d'émotion.

— Tu te perdras, mon fils, et tu nous perdras tous.

— J'irai à l'échafaud, n'est-ce pas ?

— Mais enfin, voyons, réfléchis, discute.

— Que veux-tu que je discute ? Sur quoi veux-tu que je réfléchisse ? Quelles questions veux-tu me poser, puisque je ne puis te donner de réponses ? Ai-je des faits à arguer contre toi, contre mon père, contre vous tous, contre les hommes, contre la vie, contre moi ? Je n'ai rien ! Je ne puis rien dire, je ne sais rien, je ne comprends rien, je ne vois rien. Je ne vois qu'une chose, c'est que la vie ve vaut pas qu'on se donne de la peine, que j'ai été trompé dans toutes mes croyances, toutes mes confiances, toutes mes espérances, et que, puisque

personne ne veut de moi, que je ne réussis à rien,
et que je me brise contre tous les bonheurs comme
contre tous les malheurs, eh bien ! que j'envoie
tout promener au diable ! Au diable, au diable, au
diable ! ! !

— Yvon !

— Eh, ma mère, laisse-moi ! Ne me parle pas,
ne me dis rien, ne m'objecte rien ! ! Je ne me sens
plus rien au cœur que du dégoût et de la haine,
pour et contre tout le monde, voilà !

— Et moi !

— Toi comme... Tiens va-t'en !

— Yvon !

— Va-t'en, va-t'en ou bien je m'en vais ! Je ne
t'aime plus, je ne vous aime plus. Je ne suis qu'une
nature infâme, comme déjà mes insuccès m'ont
prouvé que j'étais une buse !

— Tu n'es qu'un...

— Tu... tiens, laisse-moi !

— Eh ! non tu me parleras à la fin ! Et je te
prouverai moi, si tu crois que tu n'es plus mon
fils, que je suis encore ta mère ! Je t'ai donné toute
mon affection, tout mon amour !

— A Jeanne et aux autres aussi !

— Je t'ai donné tout mon amour, mon fils ! Et
ta sœur, pour moi, disparaît en toi comme tu dis-
parais en elle ; vous ne faites qu'un pour moi.
Mais cette affection, cette confiance, ces espérances,
cet abandon de mon âme pour te faire la tienne,
de mon sang, de mon esprit pour te faire les tiens,

tu m'en dois compte ! Qu'en as-tu fait ! Tu crois, toi, qu'il suffit de dire à ta mère : Je souffre, adieu, pour qu'on en ait fini avec elle. Mais tout ce que tu es, toutes tes joies, toute ta force de sourffance, mais c'est à moi, mais c'est de moi ! Oh ! ne t'en va pas. Tu n'échapperas pas à la discussion. Je te tiens. Chaque fois que tu as eu besoin d'une consolation ou d'un simple conseil, tu m'as trouvée là près de toi. Eh bien ! j'ai besoin, moi, à mon tour d'une consolation, de la certitude de ton affection, de la certitude de ton honnêteté, de la certitude de ta santé morale ou physique. J'ai répondu, réponds.

— Non, non, non ! Laisse-moi, laisse-moi et laisse-moi ! ! !

— Je ne te laisserai pas et tu me répondras. Tu as cru que parce que j'étais bonne et simple, je ne saurais pas pousser mon cri de souffrance et de dignité, tu t'es trompé. Et je te jure que tu vas me répondre !

Et elle tenait son fils enchaîné dans ses bras, les yeux guettant ses yeux qui se cachaient de gêne, répétant ses arguments, les ponctuant de coups de tête, les accompagnant de longues larmes glissant le long de la joue.

— Tu ne veux pas me lâcher, criait Yvon !

— Tu ne veux pas me répondre, lui répliquait sa mère.

— Lâche-moi, maman !

— Réponds-moi, Yvon !

— Lâche !

— Réponds !

Et il bataillait, s'écartant, voulant lui tordre les poignets, avec une rage retenue, une colère honteuse. Enfin, n'en pouvant plus, voulant s'échapper à toute force, comme il avait une main libre, fou, perdant la tête, le cœur et la pudeur, il leva le bras.

La mère a pu voir loin dans le cœur de son fils ; quelques pages après, les amis y verront plus loin encore :

C'était l'étourdissement lourd des lendemains de chute, l'abattement entier des forces et des volontés. Et, devant son être brisé, devant l'éparpillement de toutes ses puissances, il restait anéanti, stupide de cette crise qu'il ne comprenait pas, honteux du présent, désespérant de l'avenir.

— Allons, Yvon, il faut te dégourdir, mon ami. Tu deviens fou, mon cher.

— Eh ! ne ferais-je pas mieux ?

— Qu'est-ce que c'est que ce désespoir ?

— Oh ! ne ris pas, Gaston, vois-tu je ne suis pas aux plaisanteries.

— Mais alors explique-moi...

— Pourquoi ?

— Pour que je sache, parbleu !

— Et en quoi cela t'importe-t-il ?

— En quoi ?

— Oui ! En quoi ! En quoi ?

— Mais en ce que je suis ton ami !

— Allons donc !

— Comment, mais tu...

— Mon ami ! Est-ce que, voyons, là, franchément, est-ce que si tu étais mon ami, je serais dans cet état ? Est-ce que...

— Mon cher ami, tu te grises toujours de phrases...

— De phrases ! quand je...

— Oui, quand tu souffres, quand tu pleures, je le sais. Mais, voyons, mon ami, entre nous, à qui la faute ? A toi.

— A moi ?

— Mais bien certainement ! Tu es découragé ! désespéré, tu es pessimiste ! Tu ne crois ni à l'amitié, ni à l'amour ! La belle avance ! Nous y sommes tous passés ! Moi comme les autres, et je t'ai déjà prié de remarquer que je me porte encore assez bien !

— Tu dis que je ne crois plus à l'amitié, à l'amour, et que c'est de ma faute ! Tu dis que je devrais en être revenu plus tôt et...

— Et, après de bonnes réflexions, reconnaître franchement et simplement qu'il y a une bonne petite amitié, un bon petit honneur, un bon petit bonheur. Tu te contentes de le nier et de...

— De le nier ! Dis donc, mon cher Vrayevilles si quelqu'un y a cru, c'est moi, je crois ! Je l'ai écoutée, cette loi du cœur ! Je l'ai suivie, cette loi de l'affection je l'ai suivie cette loi de l'honneur ! j'y ai cru, à cette bonté universelle, et je lui ai

tout donné, mes rêves, mes pensées, mon âme,
mon enthousiasme, et vous l'avez trahie, vous!

— Je l'ai trahie ! Je suis passé par bien des passions et des rêves...

— Et que m'importent vos passions et vos rêves,
que m'importent à moi vos calculs et vos triomphes,
je ne veux point aimer, je ne veux plus souffrir, je
ne veux plus vivre !

— Alors que veux-tu ?

— Le sais-je ! Mais j'en ai assez de tout cela ! Ah!
j'ai été abasourdi par la défaite de mes rêves, ah !
je me suis oublié dans l'abattement, mais je veux
en sortir, je veux... Tiens, quand je pense à toutes
ces chutes, à toutes ces misères, je me prends la
tête, je m'écoute le cœur et, devant la banqueroute
de toutes mes espérances, devant mes vanités per-
dues, mes affections trahies, mes fiertés souillées,
je me crie: Tue-toi, tue-toi, mais tue-toi donc,
bête !

Puis il ajouta lentement.

— Et, courage ou lâcheté, je n'ai pas celle de le
faire ! ! !

Messieurs, comprenez-vous, maintenant, tout
ce qu'il peut y avoir d'obscurité, de trouble de
désarroi dans la conscience du jeune homme
qui, s'analysant lui-même, a accepté qu'on
pût le reconnaître sous de telles peintures de
mœurs ? Ah ! l'Yvon d'Or de Chambige, cet
Yvon d'Or auquel il a prêté son visage,

auquel il a communiqué son âme, n'était pas, sans doute, destiné à préparer si juste le dénouement auquel nous assistons aujourd'hui. Il a parlé d'échafaud, et Chambige est sur les bancs de la cour d'assises ; — il a songé au suicide, et Chambige a sur ses mains des éclaboussures de sang ; il a, cependant, prévu qu'au moment d'en finir avec la vie le courage pourrait lui manquer, et après s'être tiré une balle qui n'a fait que lui traverser très proprement la joue, Chambige est encore debout, guéri, même point défiguré, ayant conservé la provision des vingt-six autres cartouches dont il aurait pu se servir s'il avait pris son parti de la mort, mais qui ont fait peur, au moment suprême, à son cœur de lâche !

Je laisserai à d'autres le soin de dire ce que des esprits équilibrés doivent penser de cette littérature de cerveaux malades, mais si je n'ai pas à l'apprécier en moraliste, il m'était au moins permis d'y chercher, quand je les y vois sous un jour si frappant, la manifestation des désordres de la pensée de Chambige et l'enchaînement logique et fatal des progrès du mal intérieur, qui, d'étape en étape, l'a conduit à tout subordonner à son implacable égoïsme et à devenir criminel.

Messieurs, j'ai tâché de vous faire revivre
l'infortunée victime de Chambige. J'espère
avoir réussi à vous le faire bien connaître
aussi lui-même. C'est entre cette pure mémoire
et ce meurtrier que vous êtes juges. Je puis
aborder, maintenant, le récit et l'examen de
la courte et terrible tragédie dont l'explication reste à donner.

Chambige, Messieurs, n'a pas longtemps
connu Mme Grille avant son crime. Il l'a vue
une fois au mois de mai 1887, mais c'est au
commencement du moins d'août dernier, seulement, qu'il est entré réellement en relations
avec elle, et voici dans quelles circonstances :

M. et Mme Grille avaient fait, en 1886, la
connaissance de la mère de Chambige, alors
veuve et habitant avec ses enfants Constantine. Une intimité assez rapide s'était établie
entre les deux familles par suite d'événements
bien douloureux pour l'une et pour l'autre,
et qui leur avaient donné l'occasion de se
rendre des services mutuels qu'on n'oublie
pas. M. et Mme Grille avaient eu le grand chagrin, vous le savez, de perdre un enfant âgé
de quelques années au cours du mois de
février 1887 ; pendant la maladie de ce cher
petit être, Mme Chambige s'était prodiguée,
et on lui était sincèrement resté reconnaissant

8

de ses sympathies. A quelque temps de là, c'était son tour de connaître, pour son propre compte, pareille douleur. Elle perdait, le 28 juillet, une de ses filles, mariée à un officier de cavalerie, Mme Couverchel, et, prenant sa part de ce deuil, Mme Grille avait rendu à la pauvre mère, en y mettant tout son cœur, la réciprocité des bons offices qu'elle en avait reçus. A défaut du temps, ces malheurs communs avaient resserré une liaison qui aürait pu autrement rester banale, si bien que Mme Chambige, devenue épouse Ducamper, ayant été obligée d'aller prendre les eaux en France, au mois d'août dernier, confia, en son absence, ses deux plus jeunes filles, deux fillettes de douze ou quinze ans, à Mme Grille, — alors qu'il eût pu sembler plus naturel de les remettre aux soins de leurs deux sœurs aînées, Mmes Gérin-Rose ou Vital.

M. et Mme Grille ont gardé sous leur toit ces deux jeunes filles, les entourant de toutes les gâteries, jusqu'au retour de Mme Ducamper, leur mère, c'est-à-dire pendant deux mois environ, et c'est pendant cette période qu'Henri Chambige leur a été présenté et a pu devenir le familier de leur maison. Il était venu à la nouvelle de la mort de Mme Couverchel ; c'est donc bien aux premiers jours du mois d'août qu'il faut placer le point de départ de son entrée chez eux.

Il y fut accueilli avec la bienveillance et la cordialité qu'on aime à témoigner aux jeunes gens. Le désir naturel de voir ses sœurs lui servit de prétexte à des visites assez fréquentes, et, bien qu'il vînt le plus souvent accompagné de son aînée, Mme Vital, il fut assez vite mis à l'aise et reçu sur un pied d'intimité.

Cela dura, Messieurs, environ deux mois, car, de retour à Paris le 17 octobre, ainsi l'instruction le constate, il dut quitter Constantine le 12 ou le 13.

Rentré à Paris en octobre, Chambige n'a eu l'occasion de revenir en Algérie que le 17 décembre, date à laquelle il fut rappelé par une maladie grave de sa mère, qui habite, depuis son second mariage, Châtaudun-du-Rhumel. Il ne revit, toutefois, Mme Grille que le 8 janvier, à Constantine, et c'est tout au plus si ses visites se répétèrent trois ou quatre fois avant la funèbre journée du 25.

Les relations de Chambige avec Mme Grille n'ont donc pas embrassé, en deux traits de temps, une durée de plus de deux mois et demi.

Cette constatation inspire une réflexion première. Chambige porte-t-il donc en lui le

pouvoir de foudroyer les cœurs, pour qu'il
lui eût été possible, après d'aussi courtes
entrevues, de troubler jusqu'à la folie celui
d'une mère de famille jusque-là irréprochable?
Ce qu'il y a de sûr, c'est que personne dans
l'entourage de Mme Grille ne s'est aperçu de
ce que ce faiseur de romans vient nous ra-
conter. Les domestiques, ces témoins aux
aguets et si perspicaces d'ordinaire, témoi-
gnent qu'ils n'ont pas constaté le moindre
changement dans sa manière d'être. Les amis
les plus intimes non seulement n'ont pas eu
le plus léger soupçon, mais protestent avec
une énergique indignation contre un récit
qu'ils considèrent comme dérisoire. Il faut
donc, dès ce point de départ, que ce don
Juan irrésistible rabatte un peu des dons de
séduction qu'il s'attribue. Croyez-vous vrai-
semblable que si, comme il ose le prétendre,
Mme Grille se fût, dès le mois d'août, jetée
dans ses bras, rien ne se fût trahi de cette
folle explosion d'un inexplicable amour?

Aussi bien les amis, les parents même de
Chambige, intéressés à sa défense, ont été
les premiers à écarter la pensée de cette
liaison. Qu'a dit M. Gérin-Rose, son beau-
frère, lorsqu'il apprit, le 25 janvier, s'étant
mis à sa poursuite, que Chambige était allé

avec Mme Grille à Sidi-Mabrouck? — Il a senti, a-t-il dit, ses inquiétudes se calmer, et il a fait, vous vous le rappelez, cette réflexion à MM. Rieu et Lavie que « sous la surveil- « lance d'une femme aussi sérieuse et aussi « respectable, il fallait espérer qu'aucun acci- « dent n'était à craindre! »

Et cependant, Messieurs, tandis qu'on ne se préoccupait que de l'état mental de Cham- bige, c'était à Mme Grille qu'il eût fallu son- ger, car, en accompagnant à Sidi-Mabrouck cet être maudit, elle allait à la mort la plus horrible.

Quel coup de foudre, Messieurs, à la nou- velle de cette mort ! Ah ! je ne suis pas assez injuste pour ne pas comprendre que l'esprit de quelques-uns ait pu s'égarer, quand on s'est trouvé, sans préparation aucune, devant un spectacle qui semble plus tenir du cauche- mar que de la réalité. Je ne suis point même sans m'expliquer, à la rigueur, que ceux qui ne savaient rien ni de Mme Grille ni de Cham- bige, qui se sont arrêtés à l'examen superfi- ciel de faits brutaux, qui n'ont pris ni le temps de bien voir, ni la peine de tout observer, aient pu se laisser impressionner par les explications, quelque extraordinaires qu'elles fussent, que leur a données le seul survivant de cette épouvantable scène ; cependant ils sont nombreux ceux qui, en connaissant un peu plus long, n'ont pas eu besoin d'approfondir, pour se rendre compte, sur l'heure, que dans la grossièreté même de ces apparences, se trouvait la preuve de leur fausseté. Ce sont, d'abord, les amis de la pauvre mutilée qui, sûrs d'elle comme d'eux-mêmes, n'ont pas, un instant, suspecté son honneur. C'est ensuite et surtout ce mari, aussi noble que touchant dans sa foi inaltérable, qui a instantanément arrêté ses larmes pour demander justice à la face des hommes, et qui, pourtant, eût dû aller en hâte cacher au bout du monde son humiliation et l'effondrement de tout son passé, s'il avait pu douter de celle qu'il adorait et dont la vie était confondue dans la sienne.

Il n'a pas, Dieu merci, fallu longtemps y réfléchir, pour voir nettement où était l'erreur, où était la vérité. Bientôt c'est la voie publique qui s'est élevée pour accuser Chambige ; et Chambige a si bien senti, dès lors, le danger de se trouver au milieu de juges trop bien informés, qu'il a essayé, mais en vain, d'obtenir le renvoi de son affaire devant une cour étrangère. Ici, il savait que le passé de Magdeleine Grille suffirait à le condamner ;

ailleurs, sans doute, il eût voulu pouvoir la diffamer tout à son aise.

Cette confiance éclairée des amis, du mari, de l'opinion, je dois maintenant, Messieurs, vous la justifier, et il ne pourrait qu'y avoir de ma faute si ma démonstration ne vous convainquait pas vous-mêmes.

La première preuve, à elle seule accablante, qu'il n'y a eu à Sidi-Mabrouck qu'une victime et non pas une coupable, c'est, je ne dirai pas seulement l'invraisemblance, c'est l'inadmissibilité absolue des explications imaginées par l'accusé pour atténuer son crime.

Il y a deux parties dans son récit. Nous devons nous appesantir sur chacune d'elles.

Dans la première partie, Chambige prétend qu'au cours de la visite qu'il a faite à Mme Grille le 25, vers neuf heures du matin, celle-ci aurait projeté de fuir avec lui, et que cette fuite devait s'effectuer dans l'après-midi, après qu'il se serait procuré l'argent nécessaire non pas seulement, sans doute, pour quitter l'Algérie, mais aussi (c'eût été forcé), pour passer en pays étranger.

Messieurs, que devons-nous, tout d'abord, penser de ce projet en lui-même ? Qui jamais, je le demande, pourrait admettre pareille folie de la part de Mme Grille ? Fuir avec

Chambige plus jeune qu'elle de huit ans ; laisser là mari, enfants, mère, sœurs, amis, famille ; abandonner sa patrie ; se couvrir de honte et appeler sur sa tête la malédiction de tous : eh quoi ! ce serait là sérieusement la pensée qui, tout-à-coup, et sans qu'elle eût même pris le temps de la mûrir, aurait traversé l'esprit de cette femme, que, pendant trente ans, tous ceux qui l'ont connue ont considérée comme la plus sûre dans ses affections, la plus éloignée de toute idée romanesque, la plus ferme dans le sentiment de sa dignité et de ses devoirs ? Allons donc ! Est-ce que la conscience fait de ces subits naufrages ? Est-ce que la raison a de ces éclipses instantanées ? Tout plutôt que cette insanité. Vous allez voir ce que, au moment même des beaux plans d'évasion que lui prête Chambige, Mme Grille pensait de sa vie ; et, quand elle vous aura elle-même rendu sensibles les liens et les affections qui l'y rattachaient, vous direz s'il pouvait être, pour elle, question de les briser à jamais ?

J'ai les mains pleines de ses correspondances, où je trouve le témoignage vivant de l'état de son cœur. Elles seraient toutes dignes de passer sous vos yeux, mais, pressé par le temps, il me suffira de vous citer deux des dernières lettres qu'elle a écrites.

La première a été adressée à sa mère le 21 janvier.

La seconde date du jour même du crime et paraît avoir été interrompue au moment du départ pour Sidi-Mabrouck. Elle était destinée à sa tante, une seconde mère pour elle, Mlle Balguerie d'Egmont.

Lettre écrite le 21 janvier 1888.

Ma chère mère, je rentre d'une exquise promenade à cheval, et je t'écris du jardin, il fait beau, beau, un ciel à faire rêver, et les montagnes sont couvertes de neige, c'est tout simplement idéal.. Les petites s'amusent avec Coco à cache-cache, et moi je suis assise, sans manteau, dans un coin du jardinet. Nous avons repris nos courses, nous faisons monter Alice Mahieu et le colonel nous prête un cheval. Aujourd'hui, M. Daujon s'est joint à nous, et nous avons été derrière la propriété de Ben-Badès, que j'aime tant; j'ai été ravie de ma promenade et de mon fou de Sadoc. Merci de vos bonnes longues lettres, tout ce que vous me dites m'intéresse tellement! Quel bonheur de savoir Lily mieux! j'espère que ta présence lui fera beaucoup de bien. Comme ses filles doivent être mignonnes et comme elles sont travailleuses! Mes grosses filles sont folles de ce temps et trouvent très dur de ren-

trer travailler, elles ont des mines fantastiquement
belles. Ta Gem n'est pas du tout nerveuse en ce
moment. Quel bien son huile lui fait! Elle prend
aussi la drogue de Lucien; tout le monde lui trouve
si bonne mine; elle pousse cet hiver comme un
vrai champignon. Yvonnette est éblouissante, et
sa mémé serait joliment fière d'elle.

Hier, nous avons passé la soirée chez Mme Sche-
rer; Monsieur ne sait pas encore quand il part, il
accepte avec plaisir de dîner chez la chère Grand.

Demain nous avons les Jacob, Daujon, Mariotte
et son frère à déjeuner (ce dernier, ce n'est pas
sûr), et nous devons tennisser comme des bienheu-
reux !

Loulou va mieux, mais il a une mine pitoyable.
Je viens d'avoir un tas de visites, et je ne sais plus
où j'en suis de ma lettre; les enfants dansent et
chantent autour de moi; tout ce monde m'a trouvée en parfait état; le fait est que j'ai absolument
repris, moralement et physiquement, vrai de vrai,
tu serais contente de moi.

Les Daujon se réjouissent beaucoup de nous
retrouver en Suisse, ils doivent aussi aller en Bre-
tagne, c'est drôle si nous nous y retrouvions; ils
sont si gentils que ce serait charmant. Ils ne savent
pas s'ils emmèneront leur fille ou s'ils la laissseront
à Mme Flagé.

Voilà une lettre des Gœtschy qui vous fera plaisir à lire. Ils ont une fameuse chance de faire ce
voyage, et je les trouve bien heureux. J'ai télé-

graphié à grand-mère pour son 21. Mille baisers à
la hâte, et pardon de ces lignes écrites au triple
galop.

Ta Magd.

Lettre commencée le 25 janvier.

Ma chère Lounet, je t'écris pendant que Nanette
fait ses devoirs, toute seule, elle est toujours bien
sage, son écriture est bien mauvaise, cela me
navre. L'autre jour, M. Empereur s'est un peu
fâchée contre elle, aussi je trouve que cela va
mieux maintenant ; si tu savais comme elle est
longue à écrire. Comme elle a beaucoup de devoirs
à faire, elle ne trouve jamais le temps de t'écrire.
J'espère que demain je pourrai la décider à t'écrire
un volume, elle en a bonne envie, mais c'est si long,
dit-elle, de dire ce que l'on pense. Chère mignonne,
elle est bien bonne !

Demain mes filles déjeunent chez Mme Fock, elles
se réjouissent beaucoup d'y aller ; elles se sont tant
amusées lorsque leurs petites amies sont venues ici·
Gem devient très grasse, elle a une mine parfaite,
c'est une grande fille à présent, elle dîne à table
avec nous, mange très bien ; elle n'est pas du tout
capricieuse et fait très gentillement ses leçons.
Coco est aussi un bon élève, il commence à lire très
bien, c'est un bon gros garçon.

Hier, par un temps assez gris, nous avons été
faire une grande promenade sur le plateau, puis
nous avons été aux ateliers et sommes revenus à

pied ; la coquine de Gem, se disant fatiguée, faisait des cabrioles tout le temps pour avancer plus vite. Yvonne a une passion pour Sidi-Mabrouck et nous disait : « C'est ce qu'il y a de plus joli à Constantine ! » C'est une fête pour ces enfants lorsque nous y allons, c'est la plus grande récompense qu'on puisse leur donner. Pendant que nous y étions Marie Vital était venue nous dire adieu, elle part pour Alger avec sa mère pour une vingtaine de jours ; ce changement d'air et de milieu va lui faire le plus grand bien ; elle va beaucoup mieux, mais elle est toujours bien nerveuse. Henri repart également ces jours-ci, il vous donnera de nos nouvelles.

Antoine est parti ce matin à cinq heures, pour aller à la rencontre de M. Hirsch ; il rentrera demain a minuit ; pour ne pas déjeuner seule, j'irai m'inviter à déjeuner chez les Pelletreau. Notre déjeuner de dimanche a été charmant, chacun y a mis beaucoup d'entrain et de gaieté, Mme Jacob était dans la joie, son fils a été très amusant, il a de l'esprit jusqu'au bout des ongles. Les Daujon étaient très gentils, Monsieur est un si parfait garçon, il a un air heureux de vivre qui fait plaisir. La petite était jolie comme un cœur, et Yvonne et Gem si contentes de l'avoir, les princesses étaient ravies du bon déjeuner. Mme Vital avait été très en train, ainsi que son frère.

Dans l'après-midi toute la bande des tennisseurs est arrivée, je n'ai pas pu monter jouer, parce que j'ai eu tant de visites ; le général Ritter, le général

Loizillon et sa femme (la belle-sœur d'Elisabeth Bary); puis Mme Le Cornec, et je ne sais plus qui.

Mme Le Cornec a eu une vraie joie de me revoir; elle vient de passer des examens d'arabe afin de pouvoir, à un moment donné, devenir indépendante, si cela lui passait par la tête! Elle a quatre enfants superbes.

Je suis désolée pour l'affaire du facteur, et je m'en veux beaucoup de notre négligence. J'ai naturellement dû lui signer un papier comme quoi c'était moi qui avais signé son livret, car on l'aurait condamné à plusieurs années de prison, et vraiment cela n'était pas possible, n'est-ce pas? Cela.....

Messieurs, ne vous sentez-vous pas, comme moi, partagés entre un sentiment d'attendrissement à la pensée de tout ce qu'il y a de confiance naïve, d'affection douce et dévouée dans ces précieuses reliques, et, en même temps un mouvement d'exaspération en songeant que c'est à la femme qui a pensé de pareilles pages que Chambige attribue l'idée d'avoir voulu se faire enlever par lui? Non! malgré son esprit inventif, il ne s'est pas aperçu que c'était un défi qu'il allait porter au sens commun lui-même!

Mais je ne veux pas lui faire grâce des autres objections qui l'accablent.

Si l'état d'esprit de Mme Grille proteste contre un projet de fuite, est-ce que sa conduite au moment même où elle aurait été sur le point de faire suivre ce projet d'exécution n'en repousse pas encore plus clairement la pensée?

On me concédera bien que l'évasion du toit conjugal aurait dû être, au moins pour la femme qui l'aurait concertée, une résolution des plus troublantes. Qu'aurait pu être Mme Grille au moment de franchir un tel pas? Sans doute, on l'aurait vue inquiète, agitée, anxieuse; sans doute elle aurait fait quelques préparatifs de départ; sans doute, elle n'aurait pas voulu mettre à la torture sans aucune explication ceux qu'elle aurait laissés derrière elle; sans doute, elle aurait, une dernière fois, et convulsivement, dévorant des larmes d'angoisse, pressé ses enfants sur son cœur... Eh bien, point du tout. Après le départ de Chambige, Mme Grille est allée chez sa voisine, Mme Scherb, pour l'aider à mettre dans une gouttière un de ses enfants malades, toujours gracieuse et bonne comme d'habitude, libre d'esprit et le sourire aux lèvres. Après son retour de cette maison amie, elle a déjeuné avec ses deux petites filles, riant, chantant comme à son

habitude, et elle les a envoyées se promener
dans les bois avec leur bonne en leur disant
au revoir pour l'après-midi. Comme préparatifs du lamentable voyage qu'elle aurait été
au moment d'entreprendre, elle ne s'est
même pas munie d'une chemise de rechange.
La pensée tout entière ailleurs, elle s'est
montrée dans Constantine ; elle est allée acheter des gâteaux pour le goûter de ses enfants ;
elle a causé gaiement sur sa route avec
MM. Jacob, Besançon, Béraud, Rougier,
annonçant à ce dernier sa visite pour le ven-
dredi suivant ; elle a arrêté au passage
Mme Daujon, et lui a proposé une promenade,
qui, si elle eût été entreprise, l'eût mise dans
l'impossibilité de se trouver là lorsque Chambige s'est représenté chez elle ; elle a, enfin,
laissé pour tout adieu, la lettre inachevée, à
sa chère tante Lounet que nous avons lue
tout à l'heure, et où il n'est question que de
projets d'avenir.

Eh bien, Chambige, était-ce donc sur l'air
de « Partant pour la Syrie » que Mme Grille
devait déserter avec vous ? Ah ! tenez, je vous
parle de désertion ? C'est peut-être parce que,
un jour, vous avez été, vous, un déserteur
sans sentir le poids de votre faute, regret-
tant presque, tant vous êtes avide de sensa-

tions inconnues, de n'avoir pas été réintégré
à la caserne menottes aux mains; oui c'est
peut-être parce que la désertion ne dit rien à
votre scepticisme que, prêtant vos sentiments
à votre infortunée victime, vous n'avez pas
songé à ce qu'aurait pu être pour une pareille
femme la désertion du foyer marital et
maternel.

Messieurs, cette première partie du récit
de ce malheureux porte donc en elle une
double preuve de mensonge. Elle est démen-
tie, et par ce que nous savons du caractère
général de Mme Grille, et par ce que nous
apprennent, de sa manière d'être, de son
calme parfait, de sa sérénité souriante, tous
les témoins qui l'ont vue, observée, suivie
dans la matinée et l'après-midi du 25 janvier.

La seconde histoire inventée par Chambige
est pire encore, s'il est possible, au point de
vue de l'invraisemblance, que la première.

Chambige arrive, nous dit-il, à trois heures
chez Mme Grille. Il n'a pu se procurer d'argent pour fuir. Aussitôt Mme Grille lui dit
qu'il faut en finir; qu'elle est prête à se donner; qu'elle exige seulement qu'il lui jure sur
la tête de ses enfants qu'il la tuera aussitôt
après l'avoir déshonorée. Cette proposition de
suicide l'enivre. Il remercie avec délire; on

part en chantant une variante sur le « Salut,
ô mon dernier matin », de Gounod, pour
Sidi-Mabrouck ; jamais fiancés ne marchèrent
à leurs épousailles le cœur rempli d'une joie
plus ineffable ; et tous deux s'en vont préluder
à leurs préparatifs de mort par un hymne à
l'amour.

Ici, Messieurs, je crois rêver. Eh quoi ! il
aurait suffi qu'on ne trouvât pas instantanément une provision de voyage pour que
Mme Grille passât, d'une minute à l'autre, à
l'idée de mourir, et cette idée aurait été accom-
pagnée d'une explosion d'ivresse, et le nom
de ses enfants y aurait été mêlé !... Elle aurait dit à Chambige : « Toi qui aimes tant ma
« fille Germaine, promets-moi sur sa tête que
« tu me tueras. » Quelle profanation et quelle
audace ! Ah ! il se connaît peut-être, ce grand
coupable, mais il ne connaît pas, je l'affirme,
le cœur des mères, et surtout le cœur de cette
mère-là. Les mères, les vraies mères, quand
elles ont dans leur pensée et sur leur langue
le nom sacré de leurs enfants, sont protégées
contre la tentation du crime, et ne vont pas
surtout les prendre à témoins de la tache
qu'elles s'apprêtent à imprimer à leur front.
Non ! Mme Grille n'a pas dit : « Déshonore-
« moi ; livre-moi en scandale ; tue-moi ensuite ;

9

« que l'éclat de notre faute jette une honte
« ineffaçable sur mes chères mignonnes » ;
et elle n'a pas ajouté : « Jurons sur leur
« tête, par l'amour que nous leur portons,
« que rien ne sera épargné au déshonneur
« que je leur prépare ! » Non ! elle n'a pas
surtout exprimé plus tard le regret impie de
ne pas les avoir emmenées avec elle, pour
leur faire donner, à elles aussi, la mort. Il
n'y a, dans tout ce hideux roman, qu'une
monstrueuse aberration.

Mais, d'ailleurs, pourquoi donc toute cette
mise en scène et pourquoi se suicider ?

Est-ce que, si Chambige n'a pas réussi à
contracter un emprunt qui permette la fuite,
Mme Grille n'a pas à sa portée, sous sa main,
vous le savez, plus de 5o.ooo francs en argent
ou en titres, et, si vraiment elle a songé à
s'évader, ne puisera-t-elle pas dans ce trésor,
plutôt que de se résigner au suicide ?

Oh ! se récrie Chambige, elle eût été incapable de rien soustraire à son mari ! La belle
réponse, en vérité ! N'eût-ce donc rien été lui
soustraire que de lui ravir son honneur et de
lui arracher le cœur de la poitrine ? Non, non,
je ne crois pas à cette morale hypocrite. La
femme assez indigne pour sacrifier à un amant
d'aventure ses enfants et son mari n'a pas

tant de scrupules; elle n'est pas personne à
respecter la caisse dont elle a la garde, et
dont, du reste, elle aurait pu se dire, après
tout, que sa dot avait formé la plus grosse
part.

Et puis, il ne s'agissait même pas de cela.
Si on n'a pu fuir le 25, ne peut-on donc pas
patienter quelques jours, quelques semaines
encore ? Ne vaut-il pas la peine de chercher
de nouvelles combinaisons ? Si on est disposé
à tout sacrifier pour vivre ensemble, ce qu'il
y a de plus naturel, n'est-ce pas de s'arranger,
jusqu'à nouvel ordre, un système d'entrevues
et de correspondances clandestines, où la
passion qu'on éprouve l'un pour l'autre trou-
vera son compte, en attendant qu'on obtienne
mieux ? Voyons donc, n'est-ce pas là le raisonnement simple, vulgaire, auquel deux
amants, dans une situation pareille, doivent
se tenir ? La raison ne dit-elle pas clairement
qu'on ne se suicide point quand on a le vio-
lent désir de s'appartenir l'un l'autre, quand
on peut se donner, et que jusque-là rien n'y
met entrave ? Dira-t-on encore qu'un reste de
pudeur n'aurait pas permis à Mme Grille d'accepter cette vie en partie double, et que, une
fois devenue la maîtresse de Chambige, elle
n'aurait plus pu supporter d'être ressaisie

par les bras de son mari? Ah! qu'on ne vienne pas de nouveau nous parler de pudeur, de délicatesse, de loyauté, chez une misérable créature qui, quelques instants auparavant, se serait sentie capable de planter là toutes ses affections et tous ses devoirs. Tout est incohérence dans ce que nous raconte Chambige. Il suffit, pour le perdre, de ses histoires à dormir debout!

Mais, Messieurs, n'est-ce pas pour cela même que, se voyant arracher le masque, Chambige est venu parler de lettres compromettantes que lui aurait écrites Mme Grille, et qui seraient, en effet, si elles n'étaient pas imaginaires, l'unique caractère de vraisemblance dont pourrait se revêtir son récit?

Ici, Messieurs, nous touchons à un des points les plus graves de cette infernale affaire, et je vous demande pour l'approfondir toute votre patiente attention, car si je croyais que Magdeleine Grille fût l'auteur des correspondances d'amour qu'on nous rapporte, je serais le premier à maudire sa mémoire, mais j'ai la certitude, j'ai la preuve que sa main y a été étrangère aussi bien que sa pensée, et c'est un trait d'imposture de plus de la part du misérable qui n'hésite pour vous tromper devant aucune invention.

On a versé au débat une dépêche et trois chiffons de lettres ; quelques fleurs fanées, et une mèche de cheveux gris.

En admettant que ces pièces n'aient pas été préparées et fabriquées en vue du procès, l'exagération du sens qu'on voudrait leur donner et leur caractère même de fausseté ne sont pas difficiles à établir.

Je mets, d'abord, à part la dépêche. Cette dépêche, vous l'avez noté, ne fait point partie du dépôt remis à M. Noël-Martin, et son histoire vous a été clairement expliquée par M. Grille en personne.

Il y avait dans la famille Chambige, ce n'est pas un secret, une situation pénible qui intéressait beaucoup Mme Grille. Une sœur de Chambige, Mme Vital, avait des chagrins de ménage qui menaçaient d'amener entre elle et son mari un fâcheux dénouement, et on voulait éviter cet éclat. M. et Mme Grille s'étaient employés à un rapprochement, et des lettres à M. Couverchel, à Mme Ducamper, le témoignage de M. Hinglais vous ont déjà fait connaître ces tentatives d'entremise. Or, la situation avait pris un caractère particulièrement aigu en novembre. Chambige avait écrit de Paris à M. Grille pour le prier d'intervenir d'une manière plus instante ; mais ce dernier, commençant à trouver la position délicate, ne voulut plus agir et s'en ouvrit à Mme Grille. Il fut alors entendu que celle-ci, pour le tirer d'embarras, adresserait à Chambige une dépêche évasive, et c'est cette dépêche sur le sens de laquelle on cherche à équivoquer aujourd'hui. Les termes en sont, il est vrai, peu précis, mais ils s'accordent parfaitement, dans la forme elliptique du télégramme, avec la pensée à traduire. Ils expriment le regret d'un insuccès, la tristesse d'une situation tendue, et, pour Chambige qui savait de quoi il s'agissait, il lui a été facile de comprendre et il ne s'y est point mépris.

Voilà une explication devant laquelle il faut bien s'incliner.

Mais ce télégramme est signé d'un petit nom familier, abréviation du nom de Magdeleine, et on s'en étonne. Eh bien, ici encore la Providence semble vouloir nous assister ; ne nous suffit-il pas de rappeler que la mère de Mme Grille, Mme Jackson, a vu la dépêche, et que c'est elle-même qui, s'apercevant qu'elle n'était pas signée, y a fait ajouter le nom de sa fille ?

Que veut-on de plus ? Exigerait-on d'autres preuves ? J'y songe maintenant, il en reste une dernière, qui serait encore, s'il était possible, d'un caractère plus démonstratif.

Cette dépêche, rappelez-vous-le, Messieurs, était, aux yeux de Mme Grille, si peu faite pour la compromettre qu'elle l'a consignée sur son livre de dépenses, à sa date exacte, avec le prix juste qu'elle lui a coûté, soit 2 fr. 10, entre l'achat d'une paire de gants et d'une botte de légumes. Penserait-on qu'elle aurait eu l'imprudence de faire figurer dans sa comptabilité de ménage un écrit que son intérêt eût été de tenir secret?

Mais écoutez encore. Aux yeux mêmes de Chambige, cette dépêche a paru, sur le moment, si complètement inoffensive, qu'il ne l'a pas conservée. Il a bien dit qu'il l'avait remise plus tard à Mme Grille, sur sa demande, mais c'est là une fable facile à imaginer... Pourquoi donc, s'il l'avait gardée en sa possession, ne l'eût-il pas comprise dans les papiers qu'il a remis, avant son départ de Paris, entre les mains de son ami Noël Martin? Non, la vérité est qu'il n'y a pas attaché plus d'importance que Mme Grille elle-même, et il lui a fallu la nécessité de se défendre, il lui a même fallu plus de six semaines de réflexions dans sa prison pour se rappeler qu'il l'avait reçue, combiner le parti qu'il en pourrait tirer et en dénaturer le sens et la portée réels.

De ce télégramme, Messieurs, il ne peut donc rien demeurer qui puisse donner matière au plus petit soupçon.

Restent les trois billets.

Ici, Messieurs, je vous adresse une première prière : Je vous demande de lire avec attention, et je vous prie de me dire si le contexte de ces trois billets n'exclut pas, à lui seul, la pensée que Mme Grille ait pu en être l'auteur ? Je replace, par exemple, celui-ci sous vos yeux :

Non, ne t'en va pas, pense donc à moi, que vais-je devenir, ne plus te voir, je suis folle, folle, mais je t'aime, dis, tu ne le crois pas que je t'aime plus que tout au monde? Dis-moi, viens, je ne puis vivre sans toi, je suis à toi, *toute à toi*, prends-moi donc, ne doute donc pas de mon amour, tu me fais mal.

Non, Messieurs, vous en serez d'accord avec moi, ce n'est pas Mme Grille qui se serait exprimée dans une pareille langue ! Non, cette femme pure, chaste, austère, d'habitudes réservées, n'a pu tout à coup tutoyer Chambige, et ne s'est pas cyniquement offerte à lui dans un style de fille per-

due. Cela sent, du premier abord, une autre
marque de fabrique.

Il m'importe peu, du reste, que ce billet
apocryphe soit accompagné de brins d'herbes
et de cheveux.

Est-ce donc que cheveux et brins d'herbes
ont une individualité, et ne peuvent-ils avoir
été remis à Chambige que par Mme Grille?
Comment réussirait-on même à me faire
admettre que Mme Grille, qui n'avait encore
que quelques rares fils blancs dans sa che-
velure, se fût appliquée, oubliant toute coquetterie féminine, à en faire le triage pour
en composer une mèche de couleur poivre et
sel? — Comparez cette mèche à celle que
vous a remise M. Grille, et vous serez frappés de la dissemblance qni leur enlève tout
caractère de parenté.

Mais d'où viennent donc alors ces billets
étranges? Messieurs, point de doute, nous en
avons l'explication certaine; ils ne sont pas
l'œuvre de Mme Grille; ils n'émanent pas
d'elle; c'est une autre main qui les a tracés,
et cette main est celle de Chambige.

Ils ont été, en effet, soumis à une expertise en écriture; et vous avez entendu les dé-
positions des trois experts; je ne fais que
m'approprier les conclusions formelles de

leur rapport, dont ils ont avec tant d'énergie, sous le feu des questions et des objections de M⁰ Durier, confirmé la certitude.

Et, en effet, Messieurs, l'hésitation n'était point possible. Chacun de nous a, dans ses habitudes d'écriture, des formes de lettres typiques, des tours de mains à peu près invariables, qui sont notre cachet propre. Un imitateur attentif peut, quelquefois reproduire à s'y tromper ces traits caractéristiques, mais il y faut beaucoup d'observation et d'habileté. Or, ici, le faussaire n'a pas pris tant de peine; aussi, à chaque mot, a-t-il tracé des liaisons, des jambages, des lettres de forme particulière, qui n'ont rien de commun avec l'écriture de Mᵐᵉ Grille.

Eh bien! quoi de plus démonstratif que l'examen à la loupe fait par les hommes de l'art, lorsqu'il aboutit à de pareilles constatations? Les inductions que vous les avez entendus tirer des dissemblances saisissantes qui les ont frappés, n'ont-elles pas une force et une autorité concluantes?

Ah! je sais bien qu'on insistera; qu'on fera le procès des experts; qu'on soutiendra qu'ils se sont trompés, et qu'on se prévaudra, notamment, pour battre en brèche leur témoignage, de ce que l'un des billets a été

mis à la poste de Constantine, le 23 octobre,
alors que Chambige était, à cette date, revenu
à Paris, ce qui complique le faux qu'avec moi
l'accusation lui reproche; mais la critique
des experts, c'est la défaite obligée de tous
les faussaires; et, quant aux artifices du faux,
ce n'est pas ce qui peut nous surprendre de
la part d'un homme passé maître dans l'art
de composer des romans.

Sans doute, j'admets qu'il ne devait pas y
avoir encore prévision du crime de Sidi-
Mabrouck quand Chambige a constitué son
ami Noël Martin dépositaire de sa prétendue
correspondance amoureuse; mais si l'intérêt
qu'il a eu à imaginer cette correspondance
n'a pas été celui de sa défense, il est facile de
le trouver dans d'autres mobiles.

Chambige, Messieurs, nous le savons, est
pétri d'orgueil, et c'est un comédien qui est
toujours en scène. Rappelons-nous Yvon d'Or:
il pose pour le conquérant des cœurs. Rien
ne doit lui résister, de même qu'il ne recule
devant rien; c'est une réputation à soutenir
devant ses camarades. Nous en avons tous
connu, de ces jeunes prétentieux, qui, pour entretenir la bonne opinion qu'on a de leur personnage, n'hésitent devant aucun travestis-
sement, devant aucune supercherie. J'en sais

un, pour ma part, que j'eus, autrefois, comme
compagnon d'études au quartier Latin. Il voulait, lui aussi, passer pour un grand séducteur, et souvent on lui entendait dire qu'il
devait, à telle heure, avoir des rendez-vous
galants pour lesquels il réclamait la discrétion des camarades. On entendait alors, dans
sa chambre, un bruit de sourdes conversations et de tendres soupirs qui prétaient crédit à ses allures de don Juan. Mais, un jour,
voici qu'un enfant terrible, oubliant ses re-
commandations, entre subitement chez lui,
au moment où on pouvait le croire en bonne
fortune, et que découvre cet indiscret? Notre
homme était seul, se donnant à lui-même la
réplique, et jouant un double rôle. La leçon
fut dure, car l'effet fut un fou rire, mais la
race de ces vaniteux n'a pas, il faut le croire,
disparu. Chambige, Messieurs, est de cette
famille. N'en doutez pas; il ne faut pas chercher plus loin et ailleurs l'explication du dépôt
bizarre, anormal, à lui seul suspect, qu'il a
fait aux mains de son ami. M. Noël Martin
était, comme lui, de Constantine. Il a voulu
lui faire croire qu'il avait conquis les faveurs
d'une femme d'autant plus enviable pour un
séducteur de son espèce qu'on la savait plus
vertueuse. De là à fabriquer des billets pour

imprimer un cachet de plus grande vérité à
ses récits, il n'y a eu qu'un pas. Et, entré
dans cette voie, quoi de plus facile que de
faire jeter un mot à son adresse à la boîte de
Constantine? N'avait-il pas dix amis pour un,
des femmes, des maîtresses peut-être, auxquels il lui suffisait de s'adresser pour obtenir
ce service, si simple à demander, et si facile
à obtenir?

Mais, tenez, Messieurs, il y a plus d'une
preuve matérielle que je ne me trompe pas
dans cette supposition.

Si je considère, d'abord, la suscription du
fameux billet mis à la poste de Constantine
le 29 octobre, je vois qu'elle est ainsi conçue :
« Monsieur Henri Chambige, 72, rue Gay-
Lussac, Paris ». Or, nous avons trois adresses
authentiques de lettres ou dépêche expédiées,
de concert avec son mari, par Mme Grille à
Chambige, et toutes les trois sont identiques :
« Monsieur Henri Chambige, *chez Monsieur*
Noël Martin, 72, rue Gay-Lussac, Paris ».
Une de ces adresses est antérieure, les deux
autres postérieures au 29 octobre. La dernière
surtout, celle de la dépêche, est significative,
car dans les télégrammes l'abréviation est
une économie, et on ne s'amuse pas à faire
une dépense de mots inutiles. Pourquoi

Mme Grille a-t-elle donc toujours, lorsqu'elle a écrit à Chambige, indiqué l'adresse « chez M. Noël Martin ? » M. Grille vous l'a expliqué; c'est parce que c'était l'adresse même que leur avait indiquée Chambige. Et pourquoi cette mention ne se retrouve-t-elle pas sur le billet du 29 octobre? Les experts ont répondu : C'est parce que ce billet ne vient pas de Mme Grille, et qu'il est une œuvre de faussaire.

Si nous envisageons, après cela, les circonstances dans lesquelles Chambige a été amené à parler soit de cette lettre, soit des deux autres billets, qu'est-ce qui frappe, en outre, notre attention? Un fait encore des plus graves.

C'est dans son interrogatoire du 5 mars seulement, un mois et dix jours après le crime, que Chambige a révélé l'existence de ces documents. Comment donc n'en a-t-il pas dit un mot plus tôt? Était-ce, par hasard, pour épargner l'honneur de Mme Grille? On ne pourra le prétendre, car, dès le 31 janvier, on lui avait demandé s'il avait échangé des lettres avec elle, et il avait répondu affirmativement. Cependant les lettres dont il avait parlé, il n'avait pu les reproduire, et, alors que c'était bien le moment de dénoncer aussi l'existence de celles qui auraient été en dépôt dans les mains de M. Noël Martin, il n'y avait fait aucune allusion !·

Cela, Messieurs, n'est-il pas caractéristique, et presque aussi exprès qu'un aveu ?

Il n'a rien dit le 31 janvier des lettres déposées aux mains de son ami, ne voyez-vous pas pourquoi ? Eh mon Dieu, c'est parce qu'il les savait fausses, c'est parce qu'il en redoutait la production, c'est parce que, si elles venaient à voir le jour, des experts en écriture viendraient impitoyablement lui démontrer que c'était lui-même qui les avait écrites.

Il a dû forcément, au contraire, en parler le 5 mars, et brûler ses vaisseaux, n'en sentez-vous pas encore la raison ? C'est simplement parce que, dans l'intervalle, il a appris que M. Noël Martin les avait remises à l'instruction ouverte à Paris le 13 février, et que, acculé à la nécessité de les expliquer, quand on les lui a représentées, il lui a bien fallu se faire un nouveau thème !

Messieurs, tout cela s'enchaîne, se coordonne comme l'évidence, et vous en resterez frappés comme moi !

Mais il y a plus encore, car il ne cessera d'être vrai, que toujours par quelque endroit la mauvaise foi se laisse prendre.

Voulez-vous bien vous rappeler les explications de Chambige dans son interrogatoire du 31 mars ? Nous allons les trouver en contradiction formelle avec celles qu'avait données avant lui devant le juge d'instruction de la Seine, M. Noël Martin.

M. Noël Martin a raconté, comme la tenant de son ami, l'histoire de la remise du billet. « Je suis folle, folle », et il a fait passer cette histoire dans la salle à manger de M. et Mme Grille, au moment où on se mettait à table. Or, Chambige a dû fournir, à son tour, son récit au magistrat instructeur de Constantine, et il a placé la même scène dans le jardin de la maison Grille le jour de sa rentrée à Paris, 13 octobre.

Ne serez-vous pas encore saisis de cette différence dans les circonstances essentielles du même fait ? Pourquoi donc, d'un côté, ce fait se passe-t-il a table, — pourquoi, de l'autre, dans le jardin ? Ah ! Messieurs, comme il nous est donné de suivre le travail de cette pensée tortueuse ! Le 31 mars, Chambige sait bien que Noël Martin a remis ses lettres, mais il n'a pu communiquer avec lui et il ignore ce qu'il a, au juste, expliqué. Il se rappelle à peu près les contes fantastiques qu'il lui a faits, cependant il n'a pas gardé le

souvenir exact et précis des détails. Il ne se
souvient plus qu'il s'est mis en scène à table,
et, changeant de décor, il se transporte au
jardin. Mais alors il a forcément menti
quelque part. Eh, oui, il a menti, et il a
menti partout ! Il a commencé par mentir
avec son ami, en lui inventant l'histoire de la
table, et il fait devant vous un nouveau mensonge en vous contant celle du jardin. Seulement la vérité s'acharne à le perdre et elle
éclate jusque dans ses contradictions.

Et, du reste, Messieurs, que ce soit le
mensonge de la table, ou que ce soit celui du
jardin, songez donc à l'énormité de l'invention de Chambige dans les deux versions que
j'oppose ! La remise du billet qu'il dit tenir
de Mme Grille lui aurait, a-t-dit, été faite sous
les yeux ouverts du mari, mais celui-ci aurait
feint de ne pas voir. A partir de ce moment,
il ne peut plus lui suffire de perdre l'honneur
de celle pour laquelle il a joué la passion, il
faut qu'il s'en prenne aussi à celui de l'infortuné M. Grille. Aussi, depuis lors, le voilà
poussé à la nécessité odieuse d'attaquer ce
dernier, de lui prêter un rôle vraiment ignominieux, et d'en faire un mari complaisant.
Ah ! son imagination n'est pas à court. Rap-
pelez-vous cette suite d'imputations ordurières

qui nous l'ont fait apparaître sous un jour si
révoltant. Il raconte qu'en une circonstance,
dès le mois d'août, M. Grille aurait pris, en
sa présence, sa femme sur ses genoux, lui
aurait ouvert son corsage, aurait mis ses seins
à nu, l'excitant ainsi, lui Chambige, à la con-
voitise, et l'invitant, s'il lui plaisait, à aller
de l'avant. Il dit qu'il avait compris, depuis
lors, que M. Grille lui jetait sa femme à la
tête, et que si cet époux était si peu jaloux,
c'est que, licencieux lui-même, il avait besoin
de détendre sa chaîne pour se livrer en toute
liberté à l'inconduite. Il dit que, du reste,
M. Grille avait été expressément averti par
sa femme qu'elle ne l'aimait plus, et qu'il
s'était borné à répondre à cet aveu qu'il n'y
a qu'à s'asseoir sur les choses du sentiment
et qu'elle se guérirait en prenant du quinquina.
Il dit... mais c'en est trop ; trève à ces hor-
reurs ! Misérable, où donc et dans quel fond
d'impureté, dans quels instincts de dépravation, votre imagination a-t-elle pu puiser
toutes ces abominables calomnies ? Ah ! ce
n'est pas assez de tuer, il vous faut maintenant salir ! Tenez, vous êtes bien coupable,
mais bien maladroit en même temps. Ce trait
de perversité explique à lui seul votre crime,
et suffirait à ouvrir tous les yeux à l'évidence,

si une obscurité pouvait encore la voiler. Accuser M. Grille c'est une profanation, entendez-vous, mais c'est aussi une faute. Réfléchissez donc, en effet, un moment, à ce que peuvent vos diffamations sur la réputation de cet homme inattaquable. Elles glissent sur elle sans laisser plus de trace que le reptile qui rampe sur le granit. M. Grille, mais c'est l'honnêteté même, c'est la droiture en personne, et c'était, en outre, le plus tendre et le plus respectueux des maris ! Il aimait sa femme à l'adoration, cruel que vous êtes, et ce n'est pas le secret de la famille, tous ses amis de partout sont là pour le proclamer. Mais c'est vous-même qui l'avez dit aussi, en d'autres temps, ce sont les vôtres, c'est votre propre famille qui est d'accord pour le reconnaître. Ah ! baissez la tête, si vous avez encore un reste de pudeur.

Messieurs, c'est vers vous, à présent, que je me retourne ; n'avons-nous rien à conclure de toute cette série de démonstrations aboutissant toutes au même résultat, — la preuve éclatante du mensonge ? La conclusion, elle s'impose, et la voici dans sa pleine évidence :

Qu'ai-je établi ? Que Chambige a menti du commencement à la fin de l'instruction.

Il a menti quand il a prétendu que

Mme Grille avait rêvé de s'embarquer à l'aventure avec lui.

Il a menti quand il a dit, ensuite, qu'elle
était allée se livrer à Sidi-Mabrouck pour s'y
faire tuer misérablement d'un coup de revolver.

Il a menti quand il a fait usage pour sa
défense de lettres fausses.

Il a menti quand il a dit, tantôt que l'une
de ces lettres lui avait été remise au cours
d'un repas et à table, tantôt qu'il l'avait reçue
au moment de faire ses adieux et dans le jardin.

Il a menti quand il s'est attaqué à M. Grille
et qu'il a cherché à le ternir après lui avoir
fait tant de mal.

Inventions romanesques et mensonges purs,
voilà le dernier mot de toutes les explications qui ont été jusque-là le fond de sa défense !

Mais pourquoi donc mentir ainsi partout
et toujours ? Ah ! Messieurs, c'est là toute
l'explication du mystère. Chambige ment,
parce qu'il ne peut nous faire connaître la
vérité qui le condamne. Ils étaient deux témoins de ce qui s'est passé à Sidi-Mabrouck,
Mme Grille et lui. Il sait que Mme Grille ne
sortira pas de sa tombe pour parler, et il
s'accroche impudemment et désespérément

au mensonge comme à la seule branche de salut qui lui reste.

Nous pouvons, maintenant, porter nos regards dans cette triste chambre où le corps de Mme Grille est trouvé gisant et mutilé sur une couche infâme. Nous avons la clef de ce qui s'y est passé, et, certains que Chambige cherche audacieusement à nous tromper, qu'il nous ment, nous n'aurons pas grande peine à reconstituer la scène dramatique qu'il a machinée.

Il y a, Messieurs, dans ce drame du 25 janvier deux questions distinctes et saillantes dont je n'éluderai pas l'examen, tant la solution m'en paraît forcée. Pourquoi, d'abord, Mme Grille a-t-elle pu consentir à se rendre avec Chambige à Sidi-Mabrouck? Pourquoi, en second lieu, une fois en tête à tête avec lui dans cette maison, y est-elle demeurée un long temps, s'est-elle laissé assassiner sans résistance, et l'a-t-on trouvée dans un état de nudité qui a pu, au premier aspect, paraître difficile à expliquer? Voilà, n'est-ce pas, tout ce qui demande encore quelques éclaircissements. Sachons bien observer, qu'aucun détail révélateur ne nous échappe, et voyons si ces éclaircissements ne sont pas à notre portée, très simples, très naturels, et frappants d'évidence.

Pourquoi, d'abord, Mme Grille a-t-elle été à Sidi-Mabrouck? — Eh ! mon Dieu, Messieurs, quoi de plus facile à comprendre ? Le plus futile prétexte a suffi à Chambige pour l'entraîner, aveugle et confiante, dans ce guet-apens. Vous savez qu'elle a été longtemps la gardienne de Sidi-Mabrouck; que c'est elle qui en avait rangé les armoires en compagnie de Mme Ducamper, laquelle y possédait en dépôt une partie de sa garde-robe; — que c'est elle, par suite, qui, chaque fois que Mme Ducamper avait besoin de prendre là quelque chose, était mise à contribution. Or, quoi de plus facile pour Chambige que de trouver dans ces habitudes familières le prétexte dont il avait besoin pour l'entraîner? Il lui a suffi de se présenter chez elle et de réclamer son assistance pour la recherche d'un objet quelconque qu'il lui a dit ne pas retrouver; il n'en fallait point davantage. Mme Grille a obéi comme instinctivement au premier mouvement, qui était toujours chez elle un mouvement d'obligeance.

Pouvait-elle craindre de se compromettre? Elle partait en plein jour, sous les yeux de sa domesticité, sous la conduite d'un cocher, avec un jeune homme qu'elle ne pouvait soupçonner pour se rendre à peine à dix mi-

nutes de chez elle; tout ne se rencontrait-il
pas pour la rassurer?

Mais voyez si les circonstances mêmes de
son départ n'indiquent point que c'est bien
dans un incident des plus vulgaires qu'il faut
chercher l'explication rationnelle et plausible
de tout ce qui s'est passé?

Chambige arrive vers trois heures chez elle.
Il a à peine le temps de lui dire quelques
mots, et la voilà qui monte dans sa chambre
chercher une jaquette qu'elle jette sur son
bras. Pendant ce temps, lui reste à siffloter
dans le jardin. Ils n'ont pas échangé dix paroles, et rien entre eux ne trahit de l'émotion
ou du trouble. Tout cela, a dit la domestique
Philippine qui observait ce qui se passait
d'une fenêtre, tout cela a duré le temps de
prendre un paletot!

Mais, Messieurs, n'est-ce pas le cadre tout
naturel, tout indiqué de la scène que je suppose? Les faits auraient-ils pu conserver ces
apparences, si Mme Grille avait dû dire un
dernier adieu à sa demeure, et si elle s'était
subitement arrêtée à l'épouvantable résolution
d'aller se faire sauter la cervelle à Sidi-
Mabrouck?

Voilà donc un dernier point bien acquis.
Si Mme Grille n'est pas partie, n'a pu maté-

riellement partir ainsi pour aller sciemment à la mort, c'est donc que le motif de ce départ a été des plus insignifiants et des moins faits pour éveiller son inquiétude.

Mais Mme Grille, arrivée sans défiance à Sidi-Mabrouck, y est restée une ou plusieurs heures, et on nous demande compte de ce qui a pu se passer dans le silence de cette maison inhabitée avant que Chambige se décidât à la frapper à mort.

Messieurs, il faut bien que tout s'enchaîne, et, s'il est impossible que Mme Grille soit partie de chez elle pour venir se suicider dans la maison Chambige, il est également impossible que, une fois arrivée là, cette idée se soit tout à coup emparée de son esprit.

Alors, il faut aussi nécessairement une autre cause que la volonté arrêtée de Mme Grille à sa mort, et cette cause, nous allons la voir encore clairement apparaître de l'examen même de toutes les constatations qui ont pu nous être rapportées, malgré l'insuffisance regrettable d'une instruction qui, à ses débuts, a commis les omissions les plus graves, en ne faisant, par exemple, ni apposer les scellés sur les lieux où s'était commis le crime, ni pratiquer l'autopsie du cadavre de la victime.

Portons, en effet, tout d'abord, notre attention sur l'état extérieur de Mme Grille, quand
on trouve son corps inerte et sanglant dans
la chambre où Chambige l'a tuée. Est-ce elle
qui, de son plein gré, consciemment, s'est
livrée toute nue? Est-ce elle qui a voulu
mourir en cet état lamentable, et qui a poussé
le raffinement du cynisme jusqu'à relever sa
chemise sous les seins, afin que la honte de
sa mort s'aggravât d'une offense à la pudeur?
Est-ce que vous pourriez donc la reconnaître
dans cette mise en scène dégradante et
odieuse? Ah! pour Dieu, Messieurs, sachons
mieux tenir compte des caractères, et cher-
chons la vérité morale ailleurs que dans la
contemplation complaisante d'un fait brutal.
Non, trois fois, cent fois non, ce n'est pas
Magdeleine Grille qui, volontairement, a fait
passer sous nos yeux atterrés cet inimagi-
nable spectacle. Mais la fille des rues, mais
une prostituée quelconque, n'eût pas osé
mourir d'une telle mort. Quelle est donc la
femme qui, résolue au suicide, s'y prépa-
rerait dans la plus indécente des nudités,
comme pour que son cadavre ne fût qu'un
sujet de répugnance et d'horreur? Faut-il
hélas! que je rappelle ce qu'était cette créature délicate, distinguée et charmante, et

n'est-il pas navrant, déchirant jusqu'aux larmes, d'avoir à la défendre contre une supposition monstrueuse faite pour vouer, si elle était fondée, sa mémoire au dégoût? Ah! certes, ce n'est pas elle, si elle eût pu être capable d'une minute de faiblesse, qui eût eu l'impudicité de dénuder són corps en tombant, pour la première fois, dans les bras de l'amant qui l'aurait séduite. Elle se serait plutôt voilé le visage, pour qu'on ne pût voir la rougeur qui lui fût montée au front. Ce n'est pas elle qui eût bravé dans la mort, par une impudeur sans exemple, les hommes, Dieu lui-même. Ce n'est pas elle qui eût voulu condamner tous ceux qui l'ont tant aimée à l'exécration de son souvenir. Non! je le répète, mille fois non, tout son passé, tout ce que nous savons d'elle la défendait contre cet abandon de son corps, de son âme, de sa dignité, de ses affections, de tout ce qu'avait été sa vie, et il se dégage de là tout un ensemble de preuves morales d'une telle portée, d'une telle force, qu'elles équivalent au témoignage matériel des yeux.

Mais regardez, et réfléchissez-y de plus près encore. Est-ce donc que cette nudité, en plein mois de janvier, dans une chambre dont les fenêtres sont ouvertes, à cinq heures du soir, n'a pas lieu de vous surprendre? L'impression du froid n'aurait-elle pas exigé un vêtement moins léger, si la femme qui est là, étendue sur ce lit, avait conscience de ce qui se passe autour d'elle et percevait la sensation des choses du dehors?

Est-ce que ces bas disgracieux s'allieraient avec la coquetterie naturelle d'une personne élégante, et la femme qui se livre en chemise garde-t-elle volontairement ses bas?

Observez toujours mieux, et qu'aucun détail ne vous échappe, car le plus petit fait peut porter son témoignage. Voyez ces vêtements en désordre, jetés épars autour du lit. Voyez cette robe au pied même de ce lit et sur laquelle les jambes de Mme Grille reposent. Voyez cette broche tombée par terre et dont une perle est brisée. Voyez ce peigne au-dessous du lit, et qu'on n'y a retrouvé que plusieurs jours après la levée du cadavre. Voyez ce suspensoir immonde, témoin accusateur de quelque maladie honteuse, qui s'étale sans vergogne, et qui est là au premier plan, comme pour mieux frapper le regard. Tout cela ne vous dit-il rien, et croyez-vous possible que ce tableau soit l'œuvre de Mme Grille, maîtresse de sa volonté et se rendant compte de ce comble d'ignominie? Quoi! ce serait elle qui enlevant son peigne l'aurait jeté sous le lit ; ce serait elle qui enlevant sa robe se serait roulée dessus ; ce serait elle qui aurait supporté la vue de ce bandage d'hôpital, et n'eût pas, en le voyant, senti un haut-le-cœur lui venir aux lèvres ? Ah ! tout cela, entendez-vous, est impossible, ou alors il faudrait dire que trente années de vie pure, respectable, honorée, ne comptent pour rien contre la plus grossière des calomnies.

Et puis, continuant nos investigations, que s'est-il donc passé sur ce lit ? Les cheveux de Mme Grille ne sont pas même défaits ; les couvertures sont à peine foulées ; le corps, dit un témoin, paraît avoir été posé sur la place qu'il occupe et n'avoir plus fait aucun mouvement. Rien qui accuse de tendres ébats ; au contraire, l'impossibilité matérielle d'admettre qu'en un pareil état la double prise de possession affirmée par Chambige ait pu se produire.

Ne nous lassons pas, enfin, d'observer. Chambige a voulu qu'on crût à ses propres intentions de suicide, et il a laissé comme une sorte de testament où il a recommandé son ami Rieu à sa famille. Mme Grille, au contraire, n'a pas écrit un mot, et elle a emporté son secret dans la tombe. Chambige

s'était muni de l'arme avec laquelle il a commis son homicide, et Mme Grille était venue
confiante et sans armes. N'y a-t-il pas, dans
tous ces faits, dans tous ces contrastes, une
éclatante révélation ?

Ah ! cette révélation, la voilà maintenant
complète, Messieurs. Contemplez la face du
cadavre de Mme Grille. Vous la verrez sourire dans la mort. Elle s'est endormie calme
et sereine. Cette expression de parfaite quié-
tude nous dit bien qu'elle ne s'est pas vue
mourir. Elle a été frappée inconsciente. Voilà
le voile qui se déchire !

Oui, elle est morte inconsciente, et un
dernier fait d'une grave importance prouve,
en effet, que Chambige a bien impudemment
menti quand il a voulu nous faire croire qu'elle
s'était suicidée. Il a dit, vous le savez, qu'elle
avait tenu elle-même le pistolet qui l'a tuée.
Or il n'avait pas prévu que la déflagration de
cette arme aurait dû laisser, en ce cas, sur
sa main des traces ineffaçables ; et cette main
est intacte, et un expert, qui s'est livré à des
expériences concluantes, est venu affirmer
qu'il était inadmissible qu'aucune autre main
que celle de Chambige eût touché à l'arme
fatale qui en a fait un assassin.

Chambige, le voilà, ce beau rêve d'amour !

Vous avez tué une inconsciente, et c'est votre main, je vous le démontre, qui a tout préparé, tout perpétré, dans le funèbre drame auquel votre nom appartient désormais.

Que s'est-il passé maintenant, et comment vous y êtes-vous pris ? Hélas ! si nous n'avons pas vu, de nos yeux vu, nous pouvons avoir la certitude de ne pas nous tromper en faisant le choix entre deux hypothèses. Je n'ai point besoin de supposer l'action savante de quelque suggestion magnétique : ou vous vous êtes trouvé en face d'une femme qui s'est évanouie, qui est tombée d'elle-même dans un état de sommeil cataleptique, et vous avez pu faire de son corps ce que vous avez voulu, — ou vous avez fait plus encore, vous avez préparé l'anéantissement physique et moral de cette femme en la plaçant sous l'influence de quelque poison, de quelque substance toxique.

L'évanouissement naturel de Mme Grille est rendu des plus vraisemblables par certains faits que nous connaissons d'elle :

Quelque temps avant le 25 janvier, elle était, vous vous le rappelez, tombée dans une somnolence hypnotique, rien qu'en fixant son regard sur une cuillère d'argent. Une autre fois, revenant tard d'une visite dans

son voisinage, elle s'était évanouie de frayeur
en rencontrant des Arabes au coin d'une rue,
et son mari avait dû la prendre dans ses bras
pour la rapporter chez elle. Elle était donc
particulièrement disposée à l'état d'incons-
cience accidentelle qui pouvait favoriser les
desseins de l'homme qui l'avait entraînée
dans un piège ; et l'odieuse scène semble
alors se reconstituer d'elle-même. Elle arrive
à Sidi-Mabrouck sans se défier de rien.
Elle se trouve tout à coup en face d'un
comédien qui cherche à lui faire comprendre
ce qu'il veut obtenir d'elle. Elle s'effraye
mais essaye, avant d'appeler au secours, de
le ramener à la raison. A la comédie succède
aussitôt le mélodrame, Chambige tire son
revolver, et annonce qu'il faut en finir et
qu'il va la frapper ou se tuer lui-même. Il
n'en faut pas tant pour la malheureuse femme.
Elle tombe en syncope de saisissement et de
peur, et tout le reste s'explique et s'enchaîne.
Il déshabille avec fièvre ce corps amaigri par
plusieurs mois de souffrance et qui nage dans
ses vêtements. Ces vêtements, il les jette en
désordre autour de lui. Il veut porter la victime sur le lit, et, dans ce transport, le peigne se détache, roule par terre, et il le pousse
du pied en marchant. Puis il se déshabille

lui-même, et il dépose au premier endroit venu ce suspensoir sordide qui devient contre lui la meilleure des pièces à conviction. Alors, dans je ne sais quelles caresses obscènes, c'est lui qui relève cette chemise et ne songera pas à l'abaisser lorsqu'il ne sera plus qu'en présence du cadavre. Mais pourquoi, cependant, a-t-il, après cette série d'actes de folie, donné la mort? Hélas! la mort est le sort fatal réservé aux témoins que redoute le crime!

Il est bien possible même que Chambige ait fait plus encore, et qu'il ait aidé la nature, en soumettant sa victime à l'influence de quelque stupéfiant subtil. — On a dit que cela était inadmissible parce que, quatre jours après la sépulture, il y avait eu exhumation du corps de Mme Grille et qu'une analyse chimique n'avait rien découvert d'anormal dans les intestins; mais que peut prouver cette expertise, alors qu'il est scientifiquement établi que certaines natures de poisons, et notamment tous les alcaloïdes, ne laissent aucune trace dans les viscères quelques heures après la mort? La vérité est que les circonstances les plus suspectes sont là pour accréditer le soupçon et lui prêter la plus grave vraisemblance.

D'abord, nous savons que Chambige était poursuivi par la pensée de se procurer du poison. Le mot qu'on a trouvé de lui sur une cheminée à Sidi-Mabrouck portait ces lignes sinistres :

« Trop vilaine... à donner la... je te de-
« mande d'en finir le plus.. l'arsenic ou le pis-
« tolet, peut-être à deux jours ou trois... à
« toi. »

Il a dit que ces lignes étaient le brouillon d'une demande de consultation qu'il avait voulu adresser à M. Noël Martin. Etrange consultation, mais peu nous importe. Il songeait à se procurer de l'arsenic, et c'est tout ce que j'entends retenir.

D'autre part, il est allé, la veille du 25 janvier, chez le pharmacien Molière, et il a demandé à ce spécialiste quelle quantité de laudanum il était nécessaire d'absorber pour se donner la mort.

N'a-t-il pas eu à sa disposition quelqu'un de ces narcotiques qu'il cherchait à se procurer ? Qui peut le dire ? Le pharmacien ou droguiste qui lui en eût consenti la vente, n'oserait point nous l'apprendre, car, l'ayant fait sans ordonnance de médecin, il se sentirait, sans doute, dans un trop mauvais cas.

Ce qu'il y a de certain, c'est qu'un fait des

plus impressionnants permet de conserver sur ce point de trop justes craintes. Vous n'avez pas, en effet, Messieurs, oublié les deux taches suspectes qui ont été, le soir même du 25 janvier, constatées sur une toile cirée, dans une salle à manger voisine de la chambre du crime, par d'honorables témoins.

Le constat n'a rien dit de ces taches qui ont été lavées plus tard, aucune apposition de scellés n'ayant été faite, mais comment douter de leur existence, lorsque quatre personnes comme Mmes Pelletreau, Mahieu, et Schéroi Scherb, sont là pour les attester ! Les ont-elles bien vues, ou ont-elles été dupes de leurs sens ? Elles les ont si bien vues qu'une d'elles a voulu y porter le doigt, et que les autres l'en ont empêchée, en lui faisant observer que ce pouvait être du poison. Et, en effet, ces taches étaient noires, visqueuses, et de l'aspect le plus inquiétant.

Mais qui donc avait mis là, ces taches fraîches ? La maison était inhabitée depuis un mois ; Chambige y était seul venu dans la matinée ; peut-on en accuser un autre que lui ? — Pauvre Magdeleine Grille ! A quelles mains la fatalité l'avait-elle livrée ! Peut-être eût-elle été jusqu'à subir l'action de quelque maléfice extraordinaire, avant que d'être condamnée à mourir.

Ah! que vient-on me dire, après tout cela, que, dès son entrée à Sidi-Mabrouck, elle aurait pu entendre fermer la porte, qu'elle aurait pu également être avertie que Chambige venait là avec l'intention d'y rester longtemps? Combien peu ces détails conjecturaux et infimes doivent peser dans la balance! Et, d'ailleurs, le fait saillant, si nous nous reportons à ce qu'elle a vu en pénétrant dans cette funeste demeure, n'est-il pas que le cocher a été prié d'attendre à la porte, et garde-t-on son cocher quand on n'a pas l'intention de revenir, et surtout si on s'apprête à quitter la vie dans un rendez-vous dont le couronnement sera un coup de revolver?

Mais que discutons nous encore, Messieurs, au point où nous en sommes? Le mot de l'énigme ne nous a-t-il pas été livré par Chambige lui-même? Souvenez-vous de l'indication que nous a donnée un témoin, dont la déposition restera comme le dernier trait de lumière de ce navrant procès. Dersigny, garde-champêtre, a entendu, en prêtant l'oreille, la première confession de Chambige à son beau-frère, M. Gérin-Roze, et voici ce qui a nettement, clairement frappé ses oreilles : « Je l'ai tuée, a dit le misérable, je l'ai tuée, parce qu'elle ne m'aimait pas ! » M. Gérin-Roze ne se rappelle pas, dit-il, ce propos ; je pardonne à la fragilité de sa mémoire si cruellement mise à l'épreuve par cette honte de famille, mais la défaillance de M. Gérin-Rose n'infirme rien du souvenir si précis du garde-champêtre de Sidi-Mabrouck.

Ce souvenir nous révèle le mobile réel de ce grand crime. Vous retiendrez le mot ; vous le graverez dans vos mémoires ; vous le reproduirez dans votre verdict : « Il l'a tuée, parce qu'elle ne l'aimait pas ! »

Elle ne l'aimait pas, et comment, en effet, l'eût-elle aimé ? C'est encore Chambige qui va sur ce point détruire de ses mains propres la trame du roman qu'il a construit de toute pièce.

Nous savons qu'il a quitté Constantine le 13 octobre ; or je replace sous vos yeux la lettre qu'il écrivait à son ami Noël Martin, quinze jours auparavant, le 27 septembre, et dont il a été déjà question au cours du débat.

Lettres annexées à la cote 93

Mon bien cher,

J'ai eu en ces jours-ci, un gros, gros ennui. Un beau soir, n'en pouvant plus, j'ai été me soulager à l'hôtel de l'amour. Quelques jours après, boutons, éraflures à la bouche. Je vais chez Leroy. Il doute. Il ne sait. Je me fais faire (il n'en avait pas eu l'idée, cet hurluberlu) une incision à la jambe pour greffer le bouton (je ne sais plus le mot). J'y suis retourné sept jours après et, comme il n'y a aucune inflammation, il me dit qu'il n'y a sûrement rien et que je peux dormir sur mes deux oreilles. Que penser! Je doute encore un peu, car le bouton ne m'avait pas inquiété pendant très longtemps, et il n'était plus chargé de pus quand il a fait l'ouverture. Et puis il m'a l'air de faire son métier assez en l'air, ce monsieur, car il ne m'avait pas indiqué une seule des précautions à prendre, le danger de la contagion, etc., etc. Si je ne l'avais pas su, il dit que les éraflures de la bouche ne signifient pas grand'chose.

Enfin, si tu savais, car ce doute m'a désespéré, non pas par la peur du mal, tu sais qu'il ne m'intimide guère, mais parce qu'il est arrivé au moment où une passion « Camélia blanc » commençait peut-être en moi, une douce et grande passion! Et elle a été par terre du coup. Hélas!

Je t'aime. J'ai envie de partir te rejoindre immédiatement.

CHAMBIGE.

Ai-je à expliquer maintenant, Messieurs, toute la portée de cette lettre?

Le 27 septembre, Chambige en est à se

demander s'il n'est pas à la veille d'une passion naissante, et voici que tout à coup
l'ignoble mal qu'il a été prendre, suivant sa
belle expression, à l'*hôtel de l'amour* a mis
tous ses beaux sentiments par terre. Comment Mme Grille aurait-elle donc pu partager
une flamme aussitôt éteinte qu'allumée, et
dont l'aveu n'a même pas eu le temps de lui
être fait ?

Chambige sera bien forcé d'avouer que
cette passion mort-née ne s'est point immédiatement réveillée dans son cœur. Car enfin,
pourquoi donc est-il reparti si vite pour Paris
le 13 octobre, quand ses cours de droit,
qu'il ne suivait pas, d'ailleurs, ne devaient
reprendre que le 15 novembre? Qu'il explique cette hâte à s'éloigner de son beau
camélia blanc, flétri, sous l'empire de ses
craintes subites. Me serais-je trompé dans
la pensée qui m'est venue? Tenez, rien
ne m'ôtera de l'esprit qu'il s'est précipité à
Paris parce que ses pustules vénériennes
finissaient, malgré son dédain de poseur
pour les maladies même qui déshonorent,
par lui causer des inquiétudes qu'il a voulu
calmer. Il ne se fiait qu'à demi aux soins du
docteur Leroy, et il était impatient de se livrer
aux mains de quelque éminent spécialiste.

Ah! certes, Mme Grille ne pouvait l'aimer, et alors Dersigny nous a bien livré la pensée secrète de ce criminel : « Il l'a tuée parce qu'elle ne l'aimait pas! »

A ce crime horrible, quelle explication, Messieurs, pourra-t-on maintenant donner?

Dira-t-on que ce jeune homme, imaginatif, sensible, exalté, a tout à coup perdu la tête sous l'impression d'un regard troublant qui l'a remué jusqu'au fond de son être et qui en a fait la victime d'une folie d'amour?

Messieurs, laissez-moi le droit d'être impitoyable et de repousser, comme elle le mérite, cette parodie du plus noble sentiment que puisse connaître le cœur du jeune homme. L'amour, Messieurs, j'entends l'amour pur, l'amour vrai, l'amour qui absorbe une pensée et lui fait croire qu'il n'y a plus de rayon, qu'il n'y a plus de joie, qu'il n'y a plus de vie en dehors de celle qui en est l'objet, cet amour-là est dominateur, est exclusif, est jaloux de lui-même et respectueux de sa propre dignité.

Est-ce de cet amour, est-ce de cette grande et généreuse passion que pourra venir nous parler de la défense de Chambige? Arrière encore ce dernier et indécent mensonge!

Chambige épris pour Mme Grille d'un sen-

timent coupable, mais digne, cependant, de
quelque pitié? — Ecoutez plutôt :

Chambige, en septembre, fréquente les
mauvais lieux de Constantine, et il y reçoit
ce que, dans la basse langue de ses habitudes
déréglées, on appelle les coups de pieds de
Vénus.

Chambige revient à Paris, et il y passe son
temps dans les bras de filles de brasseries.

Il a du goût pour une certaine Paula, et
cette pauvre créature n'est pas seulement
pour lui un sujet d'études physiologiques,
elle est la collaboratrice, sans le savoir, de
ses romans en projet, et elle lui livre la correspondance des autres galants qui la cul-
tivent, — Chambige réunissant cette collection intéressante, pour y prendre, sans doute,
sur le vif, les études de mœurs qui préparent
les Yvon d'or!

Qu'on n'appelle cela, en y mettant l'indulgence de M. Noël Martin, que de la légèreté
et un gai libertinage, j'y veux bien consentir.
Mais je dis que ce libertin n'a pas le droit de
qualifier d'amour sublime le sentiment qu'a
pu lui inspirer Mme Grille. Il me suffit,
d'ailleurs, d'évoquer le souvenir du spectacle qui s'est étalé à Sidi-Mabrouck. Est-ce
que l'amour qui s'est vautré dans la chair

avant de se noyer dans le sang serait un amour sublime? Non, l'amour qui peut se dire sublime veut une autre atmosphère. Il ne survit pas, quand il en sent l'atteinte, aux miasmes de certains cloaques.

Chambige, du reste, ignore moins que personne qu'il n'est pas capable de ressentir ces grands et sincères élans des âmes qui savent se donner, sans arrière-pensée, tout entières et jusqu'au sacrifice. Vous n'avez qu'à lire la confession qu'il en a faite, imprudemment mais poussé par sa vanité littéraire, dans un de ses interrogatoires, où il a donné le plan d'une étude qu'il avait sur le chantier au moment même de son crime. Il croit que dans tous nos sentiments, même dans celui de l'amour, ce sont de pures chimères que notre imagination poursuit. Il montre un jeune homme aux pieds d'une femme aimée, et son dernier mot est de flétrir toutes les illusions de cet innocent en lui lançant cette cruelle et sceptique apostrophe : « Il ne savait pas qu'il aimerait d'autres femmes. » Il appelle cela la dispersion infinitésimale du cœur!

Chambige, Messieurs, est là tout entier comme il est dans Yvon d'Or.

— Non! son cœur s'est fermé à jamais au véritable amour. Au fond, il n'aime plus que lui-même, et, en dehors de la contemplation égoïste de son moi, tout lui semble déception et mensonge. Replié dans son for intérieur, il examine à la loupe les replis les plus secrets de ses pensées les plus cachées, et, dans ce travail de micrographie psychologique, comme il se complaît au spectacle des laideurs morales dont il trouve en lui le germe, son esprit finit par être pris de vertige. Il est mécontent de lui-même et cherche quelque chose qui puisse le distraire de son incurable tristesse. Il se lance avidement à la poursuite de sensations nouvelles, et, plus il en accumule, plus il subit la loi des curiosités malsaines et veut en inventer que d'autres n'auraient pas sonpçonnées avant lui. Il finit par en venir à rêver que le crime lui-même peut avoir sa saveur, et à se laisser aller à la tentation d'en commettre un pour tout connaître. De grands esprits, qui ont étudié le cœur humain, et qu'il ne faut pas confondre avec les incohérents de l'école de Chambige, ont fixé les traits de ces lugubres héros de drame dans des types célèbres. C'est Werther, c'est Antony, c'est Julien Sorel, c'est, plus récemment, dans le roman puissant de Dostoïewsky, Raskolnikoff. Ce dernier aussi avait, jusqu'au

moment de comparaître devant ses juges,
des amis fidèles. L'assassin de Magdeleine
Grille appartient à cette redoutable famille.

Son crime présente également quelque
chose d'extraordinaire et qui saisit l'imagination. Il a fait grand, mais il a fait abominable. Posséder sa malheureuse victime était
une sensation nouvelle qui l'a fasciné, et il
lui a fallu, coûte que coûte, que cette sensation ne lui échappât pas. Son esprit chimé-
rique a conçu aussitôt des plans qui n'eussent
pas été à la portée d'un homme ordinaire.
Tromper, d'abord, indignement un mari;
Entraîner une femme sans défiance dans un
piège. Tenir prêt, à tout événement, poison
ou revolver. Chercher même de l'argent pour
favoriser, sans doute, si l'affaire tourne mal,
des projets de fuite. Préparer le récit men-
songer d'une idylle d'amour, dont le suicide
serait, pour lui emprunter ses images, la divi-
nisation suprême. Voilà son roman à lui, le
roman où sa vanité s'est compluе, où son
égoïsme féroce a cherché une heure de joie.
Malheureusement le roman est devenu de
l'histoire, et il en sort couvert d'un sang que
toutes les larmes de son corps ne parvien-
draient pas à effacer.

Ah! Messieurs, comme la mémoire de

Mme Grille sort blanchie, intacte et pure de toutes ces souillures; et comme, à présent, le ·mot éloquent du général Ritter se trouve justifié! Oui, ce serait véritablement attaquer toutes les femmes que de la soupçonner avant de la plaindre et de la pleurer.

Et prenez garde, cependant, Messieurs. Ce qui nous paraît à nous marqué d'un caractère de dépravation profonde n'est pas, hélas! sans valoir à Chambige certains suffrages. Le comble de la tristesse dans ce procès n'est-il pas qu'il ait fait accepter son récit par des amis égarés, et que ces amis ne parlent pas moins, s'il pouvait sortir indemne de cette audience, que de lui préparer une apothéose?

Messieurs, n'est-il pas temps, je le demande, d'arrêter ce débordement d'aberrations? Où irions-nous, grand Dieu, et que deviendrait notre pauvre nation, déjà atteinte de tant de misères morales, si vos verdicts n'étaient pas là pour étouffer dans leur expression audacieuse des sentiments qui sont encore plus qu'une offense au droit écrit, dans lesquels je vois un véritable outrage à la raison humaine elle-même?

Il a pu, quelquefois, arriver que la vigilance des jurys les mieux intentionnés se soit laissé surprendre, et que nous ayons eu à enregistrer des verdicts d'une condamnable faiblesse; mais, aujourd'hui, je me sens bien rassuré, car, quelque habileté et quelque talent qu'y apportera l'éminent avocat du coupable que je vous dénonce, il ne réussira jamais à aveugler vos esprits au point de les rendre indulgents à des théories qui ne peuvent que révolter vos consciences d'honnêtes gens.

C'est, quant à moi, cette absolue confiance dans votre droiture et votre virilité qui m'a permis d'aller jusqu'au bout de ma lourde tâche, et, arrivé à son terme, il ne me reste plus qu'à vous dire, en quelques mots, ce que j'attends, ce que j'espère de vous.

Je vous livre un homme qui a tué, parce qu'elle ne l'aimait pas, une respectable mère de famille. Cet homme dit, pour son excuse, qu'il a cherché une glace afin de se frapper, ensuite, au même endroit où il avait donné la mort, mais il a été si maladroit ou plutôt si habile qu'il n'a pas une dent d'ébranlée, et qu'il s'est simplement fait à la joue une blessure dont la cicatrice ne se voit déjà plus. Cette joue percée d'une balle, il n'a plus su trouver ni le chemin de sa tête, ni celui de son cœur. Il s'est sagement épargné, conservant assez de sang-froid pour échafauder aussitôt, à l'appui de sa défense, les plus sanglantes accusations contre tous ceux qu'il a plongés dans le désespoir. Cet homme, qui a reçu tous les bienfaits de l'éducation, et qui appartient à un milieu social assez favorisé du sort pour devoir l'exemple aux misérables, n'a été, cependant, entraîné dans sa chute que par la lente, mais infaillible dégringolade morale qu'amènent dans les âmes inquiètes l'égoïsme, la vanité, le vice, l'émancipation orgueilleuse de tous les principes qui sont le fondement de l'ordre social. Où pourrait être la raison d'atténuer le châtiment qu'il mérite ? Je cherche en vain : il n'est ni fou, ni victime des entraînements subits et irrésistibles d'une passion qui l'aurait privé de son libre arbitre. Il a fait le mal froidement, hypocritement, lâchement, comme il le fait encore en écrivant des mémoires où tout est pose et mensonge, et je ne vois partout contre lui que des motifs accablants de sévérité.

Cet homme n'a pas eu pitié quand il a assassiné celle qu'aujourd'hui tant de malheureux pleurent. Il n'a pas eu pitié, quand il a brisé l'existence d'un mari dont il a, en outre, trouvé le triste courage d'attaquer l'honneur. Il n'a pas eu pitié quand il a pri-

vé de leur mère deux chères petites filles, qui
risqueraient, si ses élucubrations romanesques avaient pu égarer l'opinion, de porter
toute leur vie la flétrissure qu'il a tenté d'imprimer à leur nom. Il n'a même pas su manifester à cette audience la pitié du remords.
La pitié qu'il n'a eue pour personne, il ne
peut maintenant la réclamer pour lui-même.

Cette pitié, d'ailleurs, il n'est pas seulement
juste de la lui refuser parce qu'il en est indigne ; il serait inique de la lui accorder
parce qu'elle retomberait sur ses pauvres
victimes comme un déni de justice qui ferait
douter de la loi. Peut-il, en effet, y avoir
place, désormais, pour elles et pour lui sur le
même sol, sous le même soleil, et faudrait-il
que, pour fuir son odieux contact, elles
dussent aller chercher un autre ciel?

Ah! Messieurs, réfléchissez à la réparation
qui leur est due, en même temps qu'à l'exemple que la société réclame, et sachez ne pas
fléchir dans l'accomplissement du devoir qui
vous est tracé. Restez les fermes défenseurs
du droit social et du droit individuel qui
s'unissent pour vous crier : « Justice! » Rap-
pelez-vous que la justice qui hésite et qui
transige n'est point la vraie justice. La vraie
justice, vous en connaissez bien l'image : elle

porte une balance d'une main, mais un glaive
de l'autre ; quand la balance a constaté le
crime, le glaive doit frapper le malfaiteur.

LE PROCÈS RAYNAL

COUR D'ASSISES DE BORDEAUX

Plaidoirie pour M. Raynal

Messieurs de la Cour,
Messieurs les Jurés,

Je n'ai pas l'intention de suivre la *Cocarde* et M. Denayrouse dans les détours sinueux d'une défense évasive et fuyante. Je me garderai de favoriser leur plan, et je ne prendrai point, comme ils m'y ont invité, la défense de M. Joseph Reinach, qui n'en a pas besoin; de la *République française*, qui n'est pas ma cliente; de M. Jules Ferry, à l'égard duquel l'idée seule d'un pareil service serait presque une offense. J'entends tout simplement vous présenter la cause de mon ami M. Raynal; et, pour cela, j'ai surtout à vous ramener au sentiment des réalités d'un procès que le jeu de mes adversaires paraît avoir été de vous faire oublier.

13

Nous traversons, Messieurs, depuis quelques mois, une crise douloureuse qui atteint dans leurs sentiments de délicatesse et d'honneur tous les bons citoyens.

Elle ne nous aura épargné aucune tristesse.

A côté des chutes profondes de quelques hommes indignes qui vont être prochainement appelés à rendre compte de leurs défaillances devant vos collègues du jury de la Seine, nous avons vu ce que peut l'exploitation d'une calomnie âpre à tirer profit du scandale, et c'est à vous, jurés de la Gironde, que revient, par un acte de justice parallèle, le devoir d'en stigmatiser les manœuvres dans un de ses plus émérites représentants.

Le cas de M. Denayrouse est, entre tous, significatif et grave.

Sans provocation aucune, sans raison plausible, de gaieté de cœur, il a lancé contre son ancien collègue et ami politique, M. Raynal, une diffamation abominable.

Il paraît avoir espéré donner le change sur les mobiles de sa conduite en se haussant au rôle de grand justicier que rien n'émeut ni n'arrête ; mais il suffit de lever ce masque pour ne voir derrière autre chose que les calculs d'une malsaine ambition.

Les longs débats auxquels vous avez as-

sisté durant l'audience d'hier ont déjà fait la
lumière sur cette mauvaise action, et c'est
moins pour vous la rendre sensible que pour
ne lui laisser aucune échappatoire que je
dois maintenant, reprenant et précisant les
faits, vous mettre à même d'apprécier à son
vrai poids la responsabilité qui s'en dégage.

Ce n'est pas, toutefois, dans l'atmosphère
attiédie de cette audience, et sur une attitude
qui trahit l'embarras et la crainte, que cette
responsabilité peut s'apprécier ; il faut, pour
la bien juger, remonter à l'origine des faits
qui la déterminent.

Les poursuites de l'affaire du Panama
étaient engagées depuis quelques semaines à
peine ; l'émotion causée par les révélations
qui les avaient suivies était à son comble,
lorsque le bruit se répand dans la presse que
de nouveaux traits de mœurs vont être mis
à jour qui prouveront avec éclat à quels
marchandages et à quel système de corruption est livrée la direction de nos affaires
publiques.

Ce n'est pas, cette fois, un ennemi de nos
institutions qui va se constituer le vengeur
de la morale outragée ; c'est, assure-t-on, un
vieux républicain, voire même un vieil opportuniste, qui ne cède, en prenant le fouet de

Némésis, qu'au besoin impérieux de nettoyer
la République ; et telle est, en effet, la pureté
de sa conscience, que c'est à l'incorruptible
Cocarde que doit s'adresser M. Denayrouse,
le vertueux !

Les soupçons sont en éveil et la curiosité
publique est bien préparée, quand paraît
alors, à la date du 24 décembre 1892, ce numéro de la *Cocarde*, que reproduisent, dès le
lendemain, tous les journaux de Paris et de
la province, et qui, portant l'en-tête sensa-
tionnel et gros de promesses : « Document »,
débute, vous le savez, par cette préface expli-
cative : « l'Ecole de la corruption, » dont je
replace le texte sous vos yeux :

L'ÉCOLE DE LA CORRUPTION

La *Cocarde* a eu le courage de dénoncer la
première les tripotages parlementaires dont a été
victime la Compagnie de Panama.

Aujourd'hui elle dévoile quels sont ceux qui ont
enseigné aux parlementaires la corruption, quels
sont ceux qui, ouvertement, en ont tenu école.

Les documents irréfutables que nous publions
sont assez éloquents par eux-mêmes ; ils n'ont
besoin d'aucun commentaire.

Voilà l'esprit du lecteur bien orienté ; mais
il lui faut, après ce prélude, lire encore plu-

sieurs colonnes d'une introduction savante,
avant d'arriver au gros scandale qui lui est
annoncé.

Là, on lui raconte comment M. Denayrouse,
ancien député de l'Aveyron, s'est décidé à
sortir d'une réserve qu'il s'est imposée depuis
cinq années; comment sa conscience d'hon-
nête homme a fini par se révolter au spectacle d'une hypocrisie trop longtemps impu-
nie; comment, après avoir vécu, pendant
des années, dans l'intimité de MM. Joseph
Reinach, Jules Ferry, Raynal, il a cru
devoir révéler ce qu'il lui a été donné
d'apprendre sur le caractère de ces hommes
qu'il est temps de livrer au mépris de la
France.

Tout cela agrémente le récit d'un voyage de
Paris à Bruxelles, où on arrive, enfin, pour
voir sortir des coffres-forts d'une maison de
banque où ils avaient été renfermés depuis
des années, avec une mise en scène digne des
conceptions d'un feuilletoniste expert, les
fameux documents renfermant l'histoire que
M. Denayrouse a qualifiée lui-même : *Un
chantage politique et financier.*

Ces documents, ce sont deux lettres : l'une,
que M. Denayrouse aurait écrite à M. Joseph
Reinach sous la date du 3 juillet 1887;

l'autre, du même jour, et de M. Joseph Reinach à M. Denayrouse.

Voici, s'ils étaient exacts, ce que prouveraient les faits qui y sont relatés :

En 1887, M. Joseph Reinach aurait cherché à négocier, avec MM. Léon Say et de Montebello, une fusion des journaux la *Grande* et la *Petite République française,* qui aurait été, aux yeux de M. Denayrouse, déshonorante pour la maison de Gambetta.

Ayant échoué dans cette première combinaison, il aurait, ensuite, noué des rapports suspects avec les propriétaires du journal *la Gironde*, amis notoires de M. David Raynal.

Simultanément, il aurait conçu la pensée d'obtenir de l'argent du chef d'un grand établissement financier, le gouverneur du Crédit foncier, M. Christophle, et, en face de cette caisse bien garnie, désespérant de la décider à s'ouvrir par la persuasion, il aurait imaginé, de complicité avec son coreligionnaire, M. Raynal, un moyen de pression odieuse.

Mais, là, il ne me suffit plus d'analyser la prose de M. Denayrouse; il est nécessaire de la reproduire dans son texte original :

CHANTAGE POLITIQUE

Simultanément, lit-on dans la *Cocarde*, vous nous avez appris que, sur votre demande, le président de l'Union des gauches, accentuant les démarches que vous aviez faites avec M. Léon Say auprès de M. Christophle, avait été brutalement mettre le pistolet sur la gorge du demandeur en concession du Métropolitain. Vous avez eu le cynisme — dernière naïveté des jeunes gens trop habiles — *de nous déclarer en plein Conseil d'administration,* avec un petit air triomphant, que le chef de la majorité avait fait au gouverneur d'un grand établissement de l'État la sommation suivante :

Voulez-vous vous engager à donner deux ou trois cent mille francs pour la **République française,** *nous ferons cesser l'ancienne opposition de nos amis à un grand projet d'utilité publique. Si, au contraire, vous refusez ce concours, nous ferons voter avec ensémble les mêmes amis contre le Métropolitain.*

« Donnant, donnant, » telle a été la formule de M. Raynal, vous êtes-vous écrié avec admiration. Et comme vous lisiez sur certains visages une stupéfaction douloureuse, vous avez insisté audacieusement sur les détails de cette belle lutte entre « Juif et Normand » et ajouté que vous aviez pris là une leçon inoubliable!!

Certains d'entre nous ont constaté avec une

véritable joie que le Chrétien avait dû faire une
vigoureuse résistance contre cet assaut véritable-
ment·épique de chantage parlementaire, car vous
avez été obligé d'appeler à la rescousse — pour une
opération dont vous avez revendiqué l'entière direction et qui a nécessité la démarche visée par ma
lettre du 3o juin — un haut personnage que je ne
nommerai pas sans y être dix fois forcé.

OPÉRATIONS FRUCTUEUSES

Depuis lors, à vos façons, on peut juger que
vous vous croyez maintenant en mesure de déposs-
séder, car rien ne coûte, les actionnaires des deux
journaux de Gambetta. Les pouvoirs absolus que
donne la gérance d'une société en commandite
iront à un ami de M. David Raynal. Vous conser-
verez par devers vous la direction politique des
deux feuilles, en laisant une part d'influence aux
amis de M. Léon Say.

Quant aux frais de l'opération, ils seront faits,
avec interposition de prête-noms, par un établissement de l'État, sur lequel les circonstances vous
permettent d'exercer une pression parlementaire et
financière puissante.

Cette conception, dans son ensemble et dans ses
détails, est vraiment d'une habileté digne du génie
particulier de la race à laquelle vous appartenez,
vous et M. Raynal.

Seulement, quand on tente des coups pareils,
il faut les exécuter entre soi, et n'y mêler que

des Gentils déjà « assouplis » par de longs contacts.

Je doute que la majorité de vos coadministrateurs veuille se laisser compromettre à votre suite dans cette aventure.

Pour qu'on soit bien sûr de son authenticité, cette lettre est reproduite, sous la forme de l'autographie, dans le journal lui-même, et ce n'est pas seulement là qu'on pourra la lire : elle a été placardée sur tous les murs de Paris...

Mᵉ Andrieux. — Pas de Bordeaux.

Mᵉ Trarieux. — J'ai dit : « Sur les murs de Paris, et non pas de Bordeaux. »

Ce document est suivi d'un accusé pur et simple de réception de M. Joseph Reinach.

Le coup est bien porté. Que peut penser le lecteur de cet acte d'accusation d'une précision si rigoureuse ? Par sa réponse laconique, M. Reinach n'a-t-il pas donné une adhésion implicite à tout ce que qu'il contient ? Peut-il subsister un doute sur l'infamie de M. Raynal ? Que reste-t-il à faire à ce maître chanteur de la politique, sinon à aller cacher sa honte loin des amis qui désormais ne peuvent plus décemment lui tendre la main ?

Heureusement, il est vrai, que ses amis se rassurent, car ils le connaissent, et ce n'est

pas eux qui seront surpris de voir suivre sa
prompte et éclatante justification.

Tout était invention et imposture dans
cette attaque sans vergogne.

Jamais M. Raynal n'avait été mêlé aux
affaires de la *République française*, dont il
n'a même jamais possédé une seule action.
Jamais il n'avait eu connaissance d'aucune
des négociations rappelées par M. Denayrouse, et qui auraient eu pour but de procurer des ressources à ce journal. Jamais, à
plus forte raison, il n'avait pu avoir l'occasion
de solliciter à son profit des libéralités de
M. Christophle, qu'il n'avait pu, dès lors, chercher, à aucun moment, ni à séduire ni à cor-
rompre. Vingt-quatre heures devaient suffire
pour démentir ces audacieuses imputations.

Atteint en plein visage, M. Raynal avait
bondi avec la fougue de sa nature véhémente.
Sur l'heure, il s'était adressé aux diverses
personnes qui pouvaient l'éclairer sur l'origine de cette insaisissable histoire, et, dès le
25 décembre, les journaux pouvaient publier
les réponses suivantes de M. Poirrier, sénateur, de M. Joseph Reinach, de M. Christophle, qui, sans être encore la réparation nécessaire, constituaient, au moins, un commencement de satisfaction :

« Paris, le 24 décembre.

« Mon cher Député,

« En réponse à votre lettre de ce jour, je m'empresse de déclarer que vous n'avez jamais été ni actionnaire ni administrateur de la *République française,* et que vous ne vous êtes jamais mêlé à un titre quelconque, d'aucune combinaison financière concernant ce journal.

« Quant à l'allégation qui vise une démarche que vous auriez faite auprès de M. Christophle et qni aurait constitué une véritable tentative de chantage, elle n'a jamais été produite par notre ami M. Joseph Reinach devant le Conseil d'administration, où il est inutile de dire qu'elle aurait soulevé de ma part et de celle de mes collègues une protestation indignée.

« Aussi, lorsque la lettre en question fut communiquée au Conseil, elle y provoqua la surprise la plus pénible; mais, en même temps, nous apprenions que M. Denayrouse retirait ses allégations et demandait que rien ne subsistât de l'incident.

« Recevez, mon cher député, l'expression de mes meilleurs sentiments.

« A. POIRRIER. »

« Mon cher Collègue,

« Je m'empresse de vous déclarer, en réponse à la communication que vous m'avez faite, que vous ne m'avez jamais entrenu d'aucune question financière ou autre relative au journal la *République française;* et que, à aucun moment, vous n'avez abordé avec moi, à ce propos, la question du Métropolitain.

« Votre bien dévoué,

« Albert Christophle. »

« Ce 24 décembre.

« Mon cher Collègue,

« Je ne vous ai pas fait part, en 1887, de la lettre que M. Denayrouse vient de publier, parce qu'il me l'avait à peine adressée que le Conseil d'administration du journal, aussitôt réuni, était avisé qu'il retirait toutes ses allégations.

« Nous avions cru pouvoir les attribuer alors à une aberration momentanée.

« Croyez, je vous prie, à tous mes sentiments les plus affectueux.

« Joseph Reinach. »

Cette éclatante réfutation d'un mensonge perfide ne devait, cependant, point suffire à M. Raynal. Il n'hésita pas à penser qu'il ne pouvait se tenir pour suffisamment vengé des diffamations de la *Cocarde*, tant que M. Denayrouse lui-même n'aurait pas reconnu son erreur ou son imposture, et il constitua immédiatement des témoins pour aller lui demander soit des excuses, soit une rencontre sur le terrain d'honneur. Il ne dépandit pas de lui que l'affaire ne prît ainsi

un autre chemin que celui de la Cour d'assises, mais M. Denayrouse ne fut pas d'avis
de le suivre au rendez-vous qu'il lui assignait,
et voici comment il expliqua à MM. Laurençon et Henri Lavertujon, amis et collègues
de M. Raynal, les raisons de son refus. C'est
à la lettre par laquelle MM. Laurençon et
Lavertujon ont rendu compte de leur mission
que ces explications vont être empruntées.

« Paris, le 25 décembre 1902.

« Cher Ami,

« Conformément au mandat que vous nous aviez
confié, nous nous sommes présentés chez M. Denayrouse et lui avons demandé, de votre part,
soit une rétractation formelle des imputations ca-
lomnieuses contenues dans sa lettre à M. Joseph
Reinach, publiée par la *Cocarde*, soit une réparation par les armes.

« M. Denayrouse nous a déclaré qu'il refusait
toute rétractation et toute réparation, et qu'en conséquence il n'avait pas à constituer de témoins. Il
s'est borné à nous remettre la lettre suivante :

« Paris, 25 décembre 1892.

« Messieurs,

« Quand j'ai adressé, il y a cinq ans, ma lettre
« à M. Joseph Reinach, celui-ci m'a envoyé non
« des témoins, mais un accusé de réception équi-
« valant à un aveu écrit..

« M. Reinach, aujourd'hui, ne renie pas sa
« signature. Cela suffit pour que je renvoie
« M. Raynal à l'auteur des propos et allégations
« extraordinaires que ma lettre se borne à repro-
« duire. Si M. Joseph Reinach se trouve avoir
« compromis à tort, comme son malheureux beau-
« père, ses meilleurs amis et ses coreligionnaires,
« je ne puis que le regretter profondément pour
« lui, pour les personnes visées et pour tout le
« parti républicain,

« *Mais en l'état, d'après la lettre de M. Jo-*
« *seph Reinach qui a paru ce matin dans la* Ré-
« publique française, *le souci de mon honneur*
« *me commande seulement de montrer que je*
« *n'ai pas eu de* « *moment d'aberration* ». *Soyez*
« *assurés, Messieurs, que je ne faillirai pas à*
« *ce devoir, et j'espère que M. Raynal m'en fa-*
« *cilitera l'accomplissement en me traduisant*
« *devant le jury de la Seine.*

« Veuillez agréer, Messieurs, l'assurance de ma
« considération la plus distinguée.

« L. Denayrouse. »

« Nous avons insisté de nouveau auprès de
M. Denayrouse pour obtenir la juste satisfaction réclamée par vous ; il a persisté dans son
refus.

« Considérant dès lors notre mission comme
terminée nous vous remettons le mandat que
vous nous aviez confié, en restant toujours à
votre entière disposition.

« Croyez, cher ami, à notre bien affectueux dévouement.

« Henri LAVERTUJON,   « LAURANÇON,
        député. »   député. »

Des amis de M. Raynal ont pensé qu'il avait eu tort de pousser plus loin la préoccupation de son honneur. Tel n'est pas mon avis, et je crois, comme il l'a cru, qu'il n'y avait plus matière pour lui à délibération.

M. Denayrouse lui portait ce défi : « Je ne m'expliquerai avec vous que devant la Cour d'assises, où vous ne me traduirez pas. » Il n'y avait qu'une réponse à opposer, celle qui fut faite, c'est-à-dire qu'à relever un pareil défi.

C'est en ces termes que M. Raynal chargea ses témoins de donner cette réponse :

« Paris, le 25 décembre 1892.
    « Chers Amis,
    « Je vous remercie de tout cœur. M. Denayrouse calomnie et refuse de se battre ; c'est dans l'ordre. Il oublie qu'il a tout rétracté et que j'en ai déjà donné une preuve irrécusable, empruntée à l'honorable M. Poirrier, sénateur de la Seine, dont il faisait l'éloge dans sa lettre même.
    « Je le traduis immédiatement en Cour d'assises, où j'ai déjà traîné Numa Gilly.
    « Croyez, chers Amis, à toute ma gratitude.
                « D. RAYNAL. »

En même temps, M. Raynal recevait de
M. Reinach cette nouvelle lettre :

« Mon cher Collègue,

« M. Louis Denayrouse, dans la lettre où il
vous refuse la satisfaction que vous lui demandiez,
écrit que l'accusé de réception pur et simple par
lequel j'ai répondu, le 4 juillet 1887, à sa lettre,
équivalait à un aveu.

« Si je n'ai pas, à cette date, répondu autrement
à M. Denayrouse, c'est que, dans les conditions
douloureuses où il se trouvait alors et mû par un
sentiment de commisération qu'il me fait regretter,
j'avais cru pouvoir attribuer à une aberration momentanée l'indignité de son invention.

« M. Denayrouse me prouve aujourd'hui que je
m'étais trompé et qu'il ne retirait alors son abominable calomnie que pour pouvoir la reprendre
plus tard, après être resté plus de deux ans encore
au journal où il m'avait instamment prié de lui
continuer sa collaboration.

« Vous le traduirez en Cour d'assises : j'y serai
avec vous pour établir la vérité.

« Croyez, mon cher Ami, à tous mes sentiments
bien dévoués.

« Joseph REINACH. »

C'étaient là pourtant des déterminations
prises sur l'heure et sur lesquelles des esprits
sages pouvaient encore revenir.

M. Denayrouse avait reçu des avertissements

graves qui devaient éveiller ses plus sérieuses réflexions. Des documents décisifs, les lettres de MM. Poirrier et Christophle, étaient un appel à ses scrupules et à sa conscience. Il n'avait qu'à se rappeler le mot de notre compatriote Montaigne :

C'est le dire qui déshonore, et non pas le dédire.

et d'un mot de regret loyal il pouvait apaiser la querelle. Il aima mieux l'aggraver en ajoutant à sa première faute de nouvelles et impardonnables provocations, qui montrèrent tout ce qu'on pouvait attendre de sa délicatesse.

Il écrivit d'abord à MM. Poirrier et Christophle les deux lettres suivantes :

A Monsieur Poirrier.

« Monsieur,

« Il y a deux hommes en vous. L'ancien président de la Chambre de commerce de Paris, et le nouveau sénateur.

« L'un procédait en toutes choses avec une prudence et un calme exemplaires.

« L'autre se prononce, sans le moindre examen régulier de pièces, sur des incidents graves survenus depuis plus de cinq ans dans une société commerciale.

« Vous avez en tout cas oublié un détail qui a son importance morale, c'est que je suis, après ma prétendue algarade, resté l'un des deux seuls fondateurs en nom, et chose bizarre, membre encore cette année en fonctions (d'ailleurs platoniques) du Conseil d'administration de la *République française*. J'ai l'espoir de prouver que la mémoire du sénateur est d'ailleurs moins scrupuleuse que ne le fut jadis la conscience du juge.

« La discipline des partis a quelquefois, je le sais, des nécessités terribles.

« Aussi, je vous plains toutefois d'avoir à exécuter la consigne la plus atroce que puisse recevoir un galant homme, celle de tirer aux jambes d'un adversaire honorable, quand il faut sauver à tout prix un chef compromis. Au revoir donc, au jour prochain où la France entière aura les yeux attachés sur votre main, quand elle se lèvera pour le serment.

« Quelque chose me dit, Monsieur, que cette main, jusqu'alors universellement respectée, ne sera pas sans trembler quelque peu à cette minute suprême.

« Veuillez agréer, Monsieur, l'assurance de ma considération la plus distinguée.

« Signé : L. Denayrouse. »

A Monsieur Christophle.

« Monsieur le Gouverneur,

« Vous ne pouviez tenir un langage différent. Si vous eussiez parlé autrement, c'était, demain, le scandale entrant au Crédit foncier par la grande porte. Vous ne l'avez pas voulu et vous avez eu raison.

« Mais le public comprendra que je ne m'énerve pas outre mesure de vous voir garder — peut-être en apparence à mes dépens — ce que j'appellerai le secret ultra professionnel.

« Je vous en veux si peu que je vous promets même de faire tous mes efforts pour que, devant la Cour d'assises, votre discrétion ne soit pas mise à une trop dure épreuve.

« Veuillez agréer, monsieur le Gouverneur, l'expression de mes sentiments dévoués et respectueux.

« Signé : L. Denayrouse. »

M. Denayrouse ne s'en tint pas là ; il adressa, en même temps, à un des plus grands organes de publicité de la presse, le *Figaro*, une lettre ouverte où il persiflait M. Raynal au sujet de ses prétendues hésitations, et dont le passage ci-après suffira à vous faire apprécier l'esprit :

Sur le théâtre de la politique, comme sur tout autre, il y a ce qu'on voit et ce que l'on ne voit pas : la scène, la coulisse et les dessous.

On saura maintenant comment se sont entre-croisées les ficelles qui ont fait mouvoir les acteurs et changer les décors de ce grand guignol : le Boulangisme.

Mais ce n'est pas pour le plaisir de faire métier

de cicérone que je viens de conduire aujourd'hui
derrière la toile les lecteurs du *Figaro*. Ce n'est
pas davantage pour mon agrément que je déchi-
rerai les derniers voiles au grand jour de la Cour
d'assises où — soit dit en passant — M. Raynal
devait me traîner « immédiatement », alors que
*j'attends depuis cinq grandes journées sa cita-
tion.*

J'ai cru qu'il était de mon devoir de Français
d'expliquer comment naît, évolue et devient mor-
tel pour une société comme la nôtre le mal honteux qui se manifeste avec la violence que vous
savez pour le Panama.

Notre France bourgeoise et ouvrière ne s'accom-
modera jamais des mœurs yankes; notre aristo-
cratie réprouvera toujours les procédés de la politique florentine.

Le gouvernement de l'argent pratiqué par la
force ou par la duplicité, ce pays de travailleurs
ne le subira jamais.

Enfin, en même temps que M. Denayrouse
bafouait MM. Poirrier et Christophle, cou-
vrait de son ironie injurieuse M. Raynal et
se dressait ainsi menaçant devant l'opinion
publique, la *Cocarde* élevait, elle aussi, la
voix, pour appeler de ses vœux l'assignation
de M. Raynal, annonçant contre lui, où qu'il
lui plût de la conduire, de terribles révélations. Voici ce qu'elle disait à son tour :

On lit dans la *Cocarde* :

M. Raynal a peur du jury de la Seine.

M. Denayrouse le lui avait désigné; mais il en préfère un autre, sur lequel il espère avoir une action personnelle suffisamment grande pour l'influencer.

Il veut nous envoyer devant le jury de Bordeaux, sachant bien qu'il a de nombreux amis parmi les commerçants de cette ville.

Voici, en effet, la dépêche que nous recevons :

« Bordeaux, 26 décembre.

« M. Raynal a fait saisir, ce matin, des exemplaires de la *Cocarde* à Bordeaux. Son intention, après en avoir fait officiellement constater la vente, est de vous poursuivre devant « le même jury qui a condamné Gilly... »

Inutile d'insister.

Nous réservons, à Bordeaux même, une terrible surprise à M. Raynal.

Il peut nous mener même, s'il lui plaît, devant un jury composé de ses amis : la France entendra ce que nous avons à dire sur la politique opportuniste.

En attendant, elle jugera l'homme qui a peur du verdict du jury de Paris.

Son parti n'eût-il pas été arrêté dès le premier moment, M. Raynal ne pouvait, sans se déshonorer, reculer d'un pas dans la voie où ses adversaires paraissaient si brûlants de

le suivre, et, aussitôt les formalités nécessaires accomplies, il vous a saisis de son
procès.

Vous n'étiez pas, il est vrai, le jury qu'a-
vaient désigné à son attention et M. Denayrouse et la *Cocarde,* qui auraient eu, paraît-il,
des préférences prononcées pour celui de la
Seine. Mais, s'il leur doit des excuses de ne
pas leur avoir donné le théâtre sur lequel ils
espéraient se produire, il se permet aussi de
leur fournir l'explication toute naturelle de
son choix. Il y a des jurés à Bordeaux qui
valent ceux de Paris, et, si M. Raynal a tenu
à prendre pour arbitres les jurés de la Gironde, c'est que, député de la 4ᵉ circonscrip-
tion du chef-lieu de ce département, il a
pensé qu'il trouverait là les témoins de sa
vie, ses adversaires comme ses amis, les organes véritables de l'opinion dont il relève,
des juges enfin incapables de se laisser surprendre par des effets de polémique, et qui
n'apporteraient dans l'examen de sa cause
que le souci de la vérité pure et les préoccupations de la vraie justice.

M. Raynal s'est-il trompé? a-t-il trop pré-
sumé de lui-même ou de vous? Une discussion rapide sera suffisante, je l'espère, pour
justifier aux yeux de tous que sa confiance

soit une certitude, car les faits sur lesquels elle se fonde défient toute contradiction.

Nous avons à distinguer deux périodes dans les actes reprochables à M. Denayrouse :

La première est celle qui se rattache à la lettre écrite le 3 juillet 1887 par M. Denayrouse à M. Joseph Reinach ;

La seconde est celle de la publicité donnée à cette lettre par M. Denayrouse, cinq ans plus tard au mois de décembre 1892.

Ce n'est pas à la première de ces périodes, je m'empresse de vous le faire remarquer, que se place la diffamation dont M. Raynal peut se plaindre. Là, en effet, l'élément de publicité nécessaire à la constitution du délit a fait défaut. L'acte accompli dès ce moment n'en est pas moins, cependant, s'il n'est pas encore diffamatoire, le début d'une calomnieuse machination.

C'est l'embryon de la diffamation qui mettra cinq ans à éclore, et qui, pris en quelque sorte dans l'œuf, ne mérite notre attention que parce qu'il est intéressant de se rendre compte des circonstances dans lesquelles il s'est développé et a vu le jour.

Que s'est-il donc passé quand M. Denayrouse a écrit la lettre du 3 juillet 1887 à M. Joseph Reinach ?

Qu'y avait-il de vrai dans cette lettre en ce qui touche M. David Raynal?

Tout d'abord, un fait bien certain, rendu évident aujourd'hui par les explications échangées à cette audience, et sur lequel M. Denayrouse lui-même n'osera insister, c'est que les imputations qui ont été dirigées contre M. Raynal, qu'elles émanassent de M. Denayrouse, de M. Joseph Reinach ou de toute autre personne, étaient absolument inexactes.

On a mêlé le nom de M. Raynal à des manœuvres de chantage dont aurait été victime M. le Gouverneur du Crédit foncier, et tout est apocryphe et imaginaire dans le récit qu'on en a fait.

Autant d'allégations, autant de faussetés.

M. Raynal n'a jamais été, par un seul de ses actes, mêlé à la défense des intérêts du journal la *République française*, depuis son origine jusqu'à cette heure; et, en vérité, si quelque chose peut nous surprendre, c'est qu'il n'y ait même pas, sur ce point, l'ombre d'une équivoque, et que tous les témoignages entendus à charge comme à décharge aient été aussi explicites et aussi concordants.

Quand le nom d'un homme public est mêlé à une affaire de cette nature, il est rare que les passions de parti n'obscurcissent pas la vérité. Eh bien! adversaires et amis, tout le monde s'accorde à reconnaître ici que nous ne sommes en présence que d'une absurde légende.

On n'a même pas pu jeter un doute dans nos esprits quand on a voulu démontrer que, tributaire de la maison de Rothschild et agent de la haute banque, M. Raynal avait pu se rendre suspect par l'imprudence de ses relations avec le monde de la finance. En fait, depuis qu'il est sorti du ministère des travaux publics, c'est-à-dire depuis dix ans, il n'a pas eu une seule fois l'honneur de rencontrer M. le baron Alphonse de Rothschild. Il ne s'est pas, une seule fois dans sa vie, entretenu de questions d'argent avec une seule des personnes visées par M. Denayrouse : ni avec M. Joseph Reinach, ni avec M. Spuller, ni avec M. Lazare Weiller, ni avec M. Léon Say, ni avec M. de Montebello, ni avec M. Christophle!

On se demande comment il a pu venir à la pensée de quelqu'un — de celui-ci ou de celui-là — d'imaginer l'anecdote insoutenable, qui est ainsi, un beau jour, sortie de la plume de M. Denayrouse. Elle a pourtant un auteur, mais personne n'en veut accepter la lourde paternité.

M. Denayrouse dit : « Je ne l'ai point inventée, c'est M. de Joseph Reinach que je la tiens. »

M. Joseph Reinach se retourne avec indignation et répond : « Jamais je n'en ai parlé à M. Denayrouse, qui a tout pris dans son imagination surexcitée, égarée, si bien que j'ai cru, quand il m'en a parlé, à une véritable aberration. »

Où est la vraisemblance dans la contradiction qui s'élève entre ces deux hommes? Je m'empresse de faire remarquer que M. Raynal n'a point, en réalité, à prendre parti, car, que l'invention vienne de M. Joseph Reinach ou de M. Denayrouse, c'est toujours à celui qui, devant le public, s'en est fait l'éditeur volontaire, que doit en appartenir la responsabilité. Mais il peut y avoir là, au moins, pour le coupable, des circonstances atténuantes ou qui peuvent aggraver son cas, et la question, à ce seul point de vue, n'est point dénuée d'intérêt. Nous ne craignons point de nous la poser.

L'invraisemblance est *a priori* égale des deux côtés, j'ai la franchise de le reconnaître. Il est aussi invraisemblable, parce qu'il est aussi exorbitant, que M. Joseph Reinach ait pu rapporter un fait notoirement faux, qu'il

est invraisemblable et exorbitant que M. Denayrouse ait pu en attribuer la paternité à
M. Reinach.

Ce sont alors les faits qu'il faut interroger;
peut-être vont-ils nous livrer quelques-uns
de ces détails caractéristiques qui souvent
permettent d'éclairer un mystère.

Le trait de lumière, Messieurs, est dans la
lettre de M. Denayrouse elle-même. Veuillez
la relire attentivement, retenir les conditions
dans lesquelles elle a été écrite d'abord, suivie de rétractation ensuite, et vos convictions
commenceront à se fixer.

Un premier point mérite réflexion :

M. Denayrouse s'est plaint de négociations
que M. Joseph Reinach avait suivies, avec
MM. Léon Say et de Montebello, pour amener une fusion de l'administration des deux
journaux la *Grande* et la *Petite République.*
En quels termes s'en est-il expliqué? On
vous a déjà cité le passage de sa lettre qui se
réfère à cette question, mais je dois vous en
faire saisir l'importance. Voici son langage :

Vous avez commencé à sortir du droit chemin
le jour où, quittant votre rôle de directeur politique
et usurpant le mien, vous avez négocié avec
MM. Léon Say et de Montebello de manière à
faire dépendre le sort de la grande *République*

de celui de la petite, afin de retirer de cette diplo-
matie les deux bénéfices personnels suivants :

1° La direction politique d'un journal tirant encore à plus de 60,000 exemplaires.

2° Une entente électorale en Seine-et-Oise avec
vos anciens adversaires.

Au même moment du reste, vous laissez le
conseil annoncer à nos actionnaires que l'on allait
poursuivre le doublement pur et simple du capital, tandis que sous main vous paralysiez mes mo
destes efforts en ce sens et prépariez la formation
d'une société d'exploitation annihilant complètement la société actuelle.

Il faut bien se pénétrer de ce que tout cela
signifie, et vous le comprendriez mal si vous
ne l'interprétiez qu'à la lumière des explications que donnait hier M. Denayrouse,
quand il nous disait : « Je n'ai jamais eu
« d'autre pensée, lorsque j'ai parlé de la
« question de fusion, que de me plaindre de
« la forme des actes sous laquelle cette opé-
« ration devait se réaliser. Je voulais qu'on
« fît une société anonyme, et je m'élevais
« contre la pensée de M. Joseph Reinach de
« constituer une société en commandite. »

Du commencement à la fin de ses déclarations, à travers une émotion dont je n'ai
pas toujours senti la sincérité, il s'est montré

très habile à fuir la vérité ; mais nous le prenons sur ce point en flagrant délit d'inexactitude.

Non ! M. Denayrouse ne proteste pas ici contre la forme des actes ; il proteste contre une félonie véritable qu'il croit pouvoir reprocher à M. Joseph Reinach. Il dit à M. Reinach qu'il a trahi les intérêts politiques de la maison de Gambetta, en tendant la main aux représentants d'une cause incolore, desquels il voulait égoïstement obtenir pour lui la faveur d'une candidature en Seine-et-Oise.

Et, du reste, il ne pouvait point être question d'autre chose, car, ce n'est pas sur la forme extérieure d'un acte qu'on s'indigne ; ce n'est pas parce qu'il sera question de fonder une société en commandite au lieu d'une société anonyme, qu'on dira que M. Joseph Reinach abandonne ses amis politiques et trompe leur confiance. Il faut autre chose pour expliquer la sortie de M. Denayrouse, et cette autre chose, sa lettre l'a clairement indiquée.

Or, Messieurs, découverte inouïe ! ces projets de fusion sont, en réalité, le fruit d'une collaboration entre M. Denayrouse et M. Joseph Reinach ; il y a plus : les calculs sur lesquels les intérèts des deux journaux qu'on projetait de confondre devaient être discutés, ont été dressés par M. Denayrouse en personne !

Ils seront mis à votre disposition ; M. Joseph Reinach nous les a communiqués à la suite de sa déposition.

Voilà ce que M. Denayrouse a pensé au moment de la fusion, mise à l'étude avec MM. Léon Say et de Montebello, de la *Grande* et de la *Petite République française* !

Eh bien ! je fie ce premier détail à vos souvenirs ; j'y trouve, quant à moi, un premier fil conducteur. Il suffit à caractériser la lettre de M. Denayrouse et à en montrer l'esprit d'artifice, car sa sincérité m'est suspecte quand je le vois oser la critique d'un acte auquel il avait pris la part la plus importante.

Une seconde remarque très instructive encore :

M. Denayrouse a prétendu que le propos concernant M. Raynal lui avait été tenu par M. Joseph Reinach, en plein Conseil d'administration, et non point dans un tête-à-tête, dans une conversation particulière. Or, s'il en est ainsi, il y a eu nécessairement des témoins et la communication n'a pas frappé

que ses oreilles, il a lui-même, d'ailleurs, prétendu qu'elle avait provoqué une émotion
profonde de la part de ceux qui l'avaient
recueillie à ses côtés. Il dit, dans une phrase
de sa lettre :

« Et comme vous lisiez sur certains visages
« une stupéfaction douloureuse, vous avez
« insisté audacieusement sur cette belle
« lutte entre Juif et Normand. »

Eh bien ! quels étaient donc ces visages ?
Qu'on désigne ces témoins, qu'on les fasse
comparaître, qu'on nous les montre. Qui,
dans le Conseil d'administration de la *République française*, viendra ici confirmer, corro-
borer les souvenirs de M. Denayrouse?

Tous les administrateurs de la *République
française* sont entendus à la requête de
M. Denayrouse, et tous viennent à cette audience le confondre.

Il y avait trois membres du Conseil d'administration en dehors de M. Denayrouse et
de M. Joseph Reinach ; c'étaient MM. Poirrier, Charles Ferry et Devès.

MM. Poirrier et Charles Ferry n'ont manqué d'assister à aucun des Conseils d'administration antérieurement au 3 juillet 1887,
et aucun d'eux ne se rappelle qu'il y ait été
fait allusion par personne et notamment par

M. Joseph Reinach, aux faits produits dans la lettre de M. Denayrouse.

Vous avez recueilli ces déclarations empreintes de loyauté, et je suppose qu'elles ont impressionné vos consciences comme la mienne. Ni la main de M. Charles Ferry, ni celle de M. Poirrier n'ont tremblé, en se levant devant la justice, comme l'avait audacieusement annoncé M. Denayrouse, et, sous la foi du serment et de leur honneur, ces deux hommes considérables ont affirmé que tout était faux, archi-faux, dans un récit qui leur a produit l'effet d'un vrai roman.

Ah ! M. Denayrouse, il est vrai, aura une suprême ressource, ce sera de maintenir que ces deux témoins ont des défaillances volontaires de mémoire, qu'ils obéissent à la loi rigoureuse des partis, à cette discipline qui courbe les consciences et fait que, devant la justice même, on oublie ses plus élémentaires devoirs. Il pourra dire aussi qu'un autre personnage, M. Devès, aurait pu, s'il avait voulu parler, faire la lumière, et que, en refusant de comparaître, il a fait l'aveu implicite qu'il ne voulait pas, lui aussi, mentir.

Que M. Denayrouse plaide ce qu'il voudra, ce sera peine perdue ; je dois vous mettre en garde seulement contre son interprétation de l'absence de M. Devès.

M. Devès a résumé dans sa dépêche à M. le Président des assises tout ce qu'il pouvait nous expliquer : « Je ne puis dire que ce qu'il y a dans les procès-verbaux de la *République française,* » déclare cette dépêche.

Concluons. Si M. Devès ne peut dire que ce qui est relaté dans les procès-verbaux, son témoignage ne peut qu'être d'accord avec celui de MM. Poirrier et Charles Ferry, qui ne fait également que s'y référer.

Mais, nous répond M. Denayrouse, « il faut lire entre les lignes, et M. Devès en sait évidemment plus long ! »

Eh bien ! demandons-nous donc alors, puisqu'on l'exige, ce qui a pu, réellement, empêcher M. Devès de venir en personne à cette audience ?

Est-ce M. Raynal qui l'en a dissuadé ? Est-ce le souci de son amitié pour cet homme politique qui serait venu mettre un bœuf sur sa langue, suivant l'expression antique ?

Mais M. Denayrouse oublie que M. Devès est aussi son ami, et que, dans les circonstances les plus graves et les plus douloureuses de sa carrière, ce dernier lui doit un de ces services qui obligent pour la vie.

15

Dans cette triste instruction de l'affaire du Panama, à laquelle le nom de M. Devès a été si cruellement attaché, des témoins se sont fait entendre, et parmi ces témoins était au premier rang M. Denayrouse, dont la déposition a été (on le sait par le *Figaro* et la *Cocarde*) des plus précieuses pour M. Devès.

N'est-ce pas grâce à elle que ces deux journaux acharnés à la perte du parti politique que n'a cessé de servir M. Devès ont eu pour lui des ménagements si particuliers, et que notamment la *Cocarde* publiait le lendemain de son interrogatoire dans le cabinet de M. Franqueville que, en ce qui le concernait, la cause était entendue et l'innocence établie ?

Eh bien ! cherchez, maintenant, la cause probable de l'attitude de M. Devès, dont je n'ai pas, d'ailleurs, quant à moi, la pensée de lui faire un reproche.

Non ! ce n'est pas son amitié politique pour M. Raynal qui l'a retenu à Paris, c'est, au contraire, la reconnaissance que doit lui inspirer le récent trait de dévouement de M. Denayrouse. L'évidence, c'est qu'il lui aurait été trop pénible de venir dans cette enceinte joindre sa parole de galant homme à celles de MM. Poirrier et Charles Ferry, pour donner un démenti à celui qui venait de se constituer son si chaleureux défenseur.

Où sont donc les visages sur lesquels la stupéfaction s'est peinte quand les administrateurs de la *République française* auraient reçu les étranges confidences prêtées à M. Joseph Reinach? Qui donc s'est indigné avec M. Denayrouse? Personne ne répond à son appel. Tout reste fiction dans son récit, qui reçoit la plus formelle réfutation de tous ceux au témoignage desquels il a prétendu en appeler !

Poussons plus loin, Messieurs, notre analyse des faits ; voici une troisième observation que je tiens encore à relever.

La lettre de M. Denayrouse est suivie d'un simple accusé de réception de M. Joseph Reinach, et c'est, pour lui et pour la *Cocarde*, une confirmation de l'exactitude de son récit.

Qu'il y ait là une impression première, je ne le conteste pas ; mais M. Denayrouse a omis de renseigner exactement ses lecteurs sur ce qui s'est passé.

Il faut que M. Joseph Reinach vienne à cette audience et les autres membres du Conséil d'administration de la *République française* avec lui, pour que nous en ayons l'explication.

Si M. Joseph Reinach s'est borné à un simple accusé de réception, c'est que, ancien ami de M. Denayrouse, il n'a pas pu, lorsqu'il a reçu la lettre du 3 juillet, s'expliquer une semblable folie. Se rappelant que, dans les jours précédents, M. Denayrouse, alors sous le coup d'un grand chagrin, avait donné les signes visibles d'un trouble cérébral, au lieu de provoquer un scandale, dont il avait surtout redouté les suites pour son ami, il a voulu recourir à l'intervention familiale du Conseil d'administration afin d'étouffer tout éclat. C'est ainsi qu'il s'empressa de voir le président du Conseil, M. Devès, pour lui demander de provoquer une réunion dans laquelle des explications pourraient s'échanger.

La réunion a eu lieu, et peu m'importe la date à laquelle elle s'est tenue. Que ce soit le 6, le 11 ou le 13, la date est sans importance ; ce qui importe, c'est la physionomie des faits, ce qui a été dit et ce qu'on a décidé.

Or, que s'est-il passé dans cette réunion ? M. Poirrier nous l'a fait connaître, en même temps que M. Joseph Reinach.

M. Denayrouse s'est présenté devant ses amis et, appelé à donner des renseignements sur les origines de la fable extraordinaire qu'il avait imaginée, sur les circonstances

dans lesquelles sa lettre avait été écrite, il
n'a eu que des sanglots ; il a fondu en larmes;
il s'est effondré. — Il avait, le malheureux,
tout simplement prêché le faux pour savoir
le vrai !

M. Denayrouse a demandé qu'on considérât
sa communication comme non avenue, il l'a
retirée ; il a désiré même qu'il ne restât pas
trace dans les procès-verbaux des séances de
ce pénible souvenir, et c'est pour lui com-
plaire encore que l'original de la lettre, dont
il conservait cependant sournoisement la
copie, a été détruit. Voilà ce que M. Denayrouse et la *Cocarde* ont omis de rappeler.

Et veut-on qu'il se soit passé autre chose
et que je suppose vraies les explications différentes données par M. Denayrouse ? Elles
n'en seront pas moins écrasantes pour lui.

Il a dit qu'on avait accepté ses conditions
en échange du silence promis ; qu'on s'était
engagé à faire de lui le vice-président de la
République française, et à lui racheter les
actions qu'il possédait dans ce journal. Eh
bien ! soit, acceptons, par hypothèse, cette
version. Que verrions-nous alors ? D'un côté,
d'honnêtes gens qui auraient tenu leur enga-
gement ; de l'autre, M. Denayrouse qui aurait
manqué à sa parole ! Etait-ce, en effet, tenir

sa parole que d'aller, trois ans plus tard, préméditant un guet-apens inqualifiable, cacher dans les coffres-forts d'une maison de banque de Bruxelles ces petits papiers, que M. Denayrouse a réservés là pour l'heure favorable où il les pourrait jeter en pâture à un lucratif scandale?

Quoi qu'on voulût donc admettre, la conduite de M. Denayrouse dans toute cette première partie de l'affaire, n'en est pas moins impardonnable, et c'est là ce qu'il eût convenu que la *Cocarde* fît connaître à ses lecteurs.

J'arrive maintenant, Messieurs, à la seconde période des actes reprochables à M. Denayrouse, et c'est ici que votre attention m'est nécessaire, car nous allons maintenant toucher au corps même du délit.

Jusqu'à présent, M. Denayrouse n'a fait qu'écrire un document confidentiel ; mais voici qu'après un long sommeil, une copie de ce document est exhumée tout à coup de la cachette où il l'a conservée, et que, au milieu même du scandale produit par l'affaire du Panama, elle est livrée à la *Cocarde*. De là une publicité considérable, qui s'étend, non pas seulement à Paris, mais à l'étranger, et qui va faire connaître *urbi et orbi* que M. Raynal est de la famille des maîtres chanteurs.

La diffamation est ici prise sur le fait. Comment pourrait-on s'en défendre?

On fera le procès de l'opportunisme?

Le procès de M. Joseph Reinach?

Le procès de M. Jules Ferry?

Qu'on fasse tous les procès qu'on voudra. Je ne donnerai pas dans ces diversions plus ou moins habiles et de bonne foi ; je me bornerai à demander à M. Denayrouse :

« Quelle est votre justification? Qu'avez-vous à dire pour votre défense? »

Il répondra vainement : « Ce n'est pas moi qui suis le vrai coupable, et je ne parle que comme un écho qui reproduit la voix de M. Joseph Reinach. »

Nous venons de montrer la fausseté de cette assertion ; mais fût-elle vraie, que là diffamation n'en serait pas moins établie dans toute son évidence.

Croyez-vous donc, Messieurs, qu'il suffise qu'un propos ait été tenu devant nous pour nous autoriser à le livrer à la publicité, s'il est de nature à porter atteinte à la situation morale d'une personne tierce?

Admettez-vous qu'il puisse être si facile d'excuser le mal qu'on a fait, en en rejetant sur autrui la responsabilité première?

Non, non, notre honneur n'est pas ainsi

livré en pâture aux subterfuges de la diffamation. Où irions-nous, grands dieux! s'il suffisait, pour acquérir l'impunité, de n'avoir été qu'un reproducteur de la parole des autres? N'est-ce pas le plus souvent sur des ouï-dire que la diffamation fait son œuvre, et qu'il importe de pouvoir lui barrer le chemin?

Et qu'est-ce donc qu'une diffamation, sinon, dit la loi, toute allégation d'un fait déterminé susceptible de porter atteinte à l'honneur et à la considération et proférée avec la pensée et le dessein de porter préjudice?

Eh bien! tous ces caractères du délit ne se rencontrent-ils pas dans la publication donnée à la lettre de M. Denayrouse?

Peut-il parler de sa bonne foi, quand son intention de nuire éclate? Peut-il dire qu'il ne s'est agi dans sa pensée que de faire le procès de M. Joseph Reinach, quand c'est M. Raynal qui est, en première ligne, décrété d'infamie?

Ah! la presse ne s'y est pas trompée. L'empressement avec lequel elle s'est jetée sur le scandale que M. Denayrouse a déchaîné dit assez haut si M. Raynal a été diffamé!

Et puis, Messieurs, resterait-il dans la pensée de quelqu'un que M. Joseph Reinach aurait été le premier inventeur du méchant propos qui lui a été attribué? M. Denayrouse n'a-t-il pas eu tous les moyens de s'éclairer sur la fausseté de ce propos, et, si rien ne l'a arrêté dans son œuvre de diffamation détestable, peut-il rejeter la responsabilité du mal qu'il a bien su et voulu commettre?

N'a-t-il point eu tout d'abord, pour réfléchir, ces cinq années de silence qui séparent 1887 de 1892 et qui eussent dû le ramener au sentiment de ses devoirs envers ses amis politiques?

S'il avait voulu se renseigner, ne lui était-il pas facile de questionner M. Christophle, qui, d'un mot, l'eût fait revenir de son erreur?

Mais que dis-je? M. Christophle a écrit, il a parlé; il a renouvelé ici même les preuves les plus formelles que M. Raynal a été calomnié; et, au lieu d'exprimer des regrets et de faire des excuses, M. Denayrouse insinue que M. Christophle peut bien retenir par devers lui ce qu'il appelle un secret ultra-professionnel.

M. Denayrouse a donc ainsi manqué à tous les devoirs de la loyauté et de la prudence. Ses excuses ressemblent à du persiflage; mais, lorsqu'on a produit un pareil éclat, on ne peut s'en tirer par de simples pirouettes.

Et maintenant, Messieurs, que ma preuve est doublement faite, et que, à quelque point de vue qu'on se place, la diffamation éclate au grand jour de cette audience, comment doit-elle être jugée?

C'est le moment, je crois, de nous demander ce qu'est M. Denayrouse, ce qu'est M. Raynal, et quel a été devant l'opinion l'effet des polémiques auxquelles ces deux noms sont associés.

M. Denayrouse, Messieurs, a été présenté par la *Cocarde* au grand public, qui ne le connaissait guère, comme une vertu intransigeante, une âme romaine qui ne peut tolérer la vue du mal et qui s'est insurgée au spectacle des brigandages dont il avait été trop longtemps le témoin.

Sorte d'Alceste de la politique, il est devevu tout à coup impitoyable aux Philintes de l'opportunisme, et c'est à un acte impérieux de sa conscience qu'il aurait obéi en se décidant à s'associer à une campagne de salut public dont les compagnons ne seraient tous, paraît-il, que de petits saints !

Tel est le portrait de ce héros de la délation courageuse. Mais il y a loin de la peinture à l'original.

Si nous voulions suivre M. Denayrouse

dans toutes ses incarnations industrielles, interroger son rôle dans les dix ou quinze sociétés dont il a été l'organisateur ou l'administrateur, il nous serait peut-être possible, au simple point de vue de sa situation dans le monde des affaires, d'abaisser le piédestal sur lequel on a cherché à le hisser. Je n'entends pas, cependant, répondre à des diffamations par des représailles, et il me suffira de vous faire simplement connaître l'homme politique.

D'où vient M. Denayrouse et quel est son passé ?

M. Denayrouse, Messieurs, est entré à la Chambre des députés pour y représenter l'arrondissement d'Espalion, en 1884; à une élection partielle, et telle était, à cette époque, l'authenticité de son opportunisme, que, à peine débarquait-il au Palais-Bourbon, son élection était attaquée comme entachée de pression et de candidature officielle.

C'étaient, à cette époque, M. Jules Ferry et ses amis qui étaient aux affaires. M. Raynal était lui-même ministre des travaux public. Voilà ceux qu'on accusait d'avoir faussé l'élection.

Détail des plus piquants et que je me permettrais de rappeler, s'il l'avait oublié, à mon honorable confrère M. Andrieux : c'est lui-même qui, encore membre alors de la Chambre des députés, se chargea d'exécuter M. Denayrouse, avec cet esprit d'humour et de froide raillerie que nous lui connaissons.

L'avocat d'aujourd'hui réparera, sans doute, les blessures qu'il a pu faire alors ; mais quel spectacle édifiant dans ce revirement inattendu d'alliances !

Ce n'est pas pourtant que M. Denayrouse n'ait pas été long à changer ses amitiés. Qu'est-il devenu depuis cette année 1884 ? J'interroge sa vie et, jusqu'en 1892, je n'y vois pas trop à redire.

Il est bien vrai qu'en 1887 il a ressenti un enthousiasme un peu compromettant pour la personne de M. Dillon, et qu'il a fréquenté la rue Dumont-d'Urville ; mais ce n'étaient là, en apparence, que de légers coups de canif au contrat, et, dans les grandes lignes, il paraissait fidèle au bercail.

La lettre du 3 juillet 1887 et les explications auxquelles elle avait donné lieu n'avaient pas même sensiblement altéré ses rapports avec M. Joseph Reinach.

Il l'appelait, dans un billet du 27 juillet « Mon cher ami, » et il lui envoyait l'expression de ses amitiés cordiales.

M. Denayrouse. — Je suis simplement courtois.

Me Trarieux. — La courtoisie n'exige pas ces effusions ; il lui suffit d'être polie.

Mais quittons, si M. Denayrouse le désire, l'année 1887 pour le suivre jusqu'à la veille même du jour où il a livré M. Raynal aux foudres de la *Cocarde*.

Que faisait-il, notamment en avril ou en mai derniers, quand il posait sa candidature au Sénat dans l'Aveyron ? Il allait chez M. Charles Ferry...

M. Denayrouse. — Oui, Monsieur.

Me Trarieux. — ... pour lui dire qu'il tenait, par son organe, à rendre hommage au chef d'un parti dont il était le serviteur bien effacé, mais fidèle. Le patronage de ce chef n'est pas, en effet, dans une pareille élection, précaution vaine, et, plus pratique qu'il n'en a l'air, M. Denayrouse ne néglige jamais ce qui peut être utile à ses intérêts.

Et à quel journal parisien communique-t-il, ensuite, sa profession de foi ? A la *République française* !

Et que dit cette profession de foi ? Elle pourrait être, vous l'allez voir, aussi bien signée du nom de M. Reinach que du sien.

Je lis :

CHRONIQUE ÉLECTORALE

Aveyron

Plus que jamais j'ai foi, aujourd'hui, dans la puissance souveraine de la liberté et dans l'avenir de ce régime républicain, qui réalise peu à peu, et sans secousse, tous les progrès démocratiques raisonnables. Vous pensez tous de même et vous vous demandez seulement de quel pas on peut avancer dans cette voie de progrès ininterrompu où le pays s'est engagé depuis vingt ans.

Dans notre département, vous le savez, d'excellents esprits estiment que les étapes doivent être lentes.

D'autres croient que nous pouvons aujourd'hui, sans grand inconvénient, régler notre allure sur celle des républicains d'opinion moyenne, dont les idées triomphent de toutes parts en France.

Je suis de ces derniers, je l'avoue, et je crois que nous devons, tout au moins, ne rien abandonner du terrain gagné ou conquis.

Est-ce à dire que je penche, comme certains adversaires l'insinuent, vers des solutions radicales ? Rien n'est moins exact : élevé à l'école politique de Gambetta, j'ai longtemps administré le journal qu'il avait fondé, et l'expérience que j'ai acquise au contact des serviteurs éminents de la République groupés autour de ce grand homme m'a ôté pour toujours le goût des théories chimériques.

En ce qui concerne, par exemple, la question religieuse, mes opinions sont, à coup sûr, les vôtres.

Les uns et les autres, nous voulons tout simplement que le maire soit tout à fait le maître dans sa mairie, et que l'instituteur ne soit pas tracassé dans son école. Mais, en même temps, nous désirons aussi que le curé soit honoré dans son presbytère.

Sur ce sujet, au surplus, je reprends textuellement le texte de ma déclaration de 1884 :

« Je serai particulièrement à l'aise dans mon parti pour m'opposer nettement à ce que les habitants des campagnes soient inquiétés dans leurs sentiments religieux. »

C'est pourquoi je déclare que je suis un partisan résolu du maintien du Concordat, et un adversaire déterminé de la séparation de l'Église et de l'État.

Ce point bien éclairci, j'ajoute rapidement que j'ai eu la bonne fortune de compter parmi les députés dont les efforts ont, il y a huit ans, obtenu de la Chambre le vote des premiers droits protecteurs contre les produits agricoles étrangers. Il va sans dire que, si je suis élu, je continuerai à défendre énergiquement notre production nationale.

Dans le même ordre d'idées, l'État ne peut tarder à organiser le Crédit agricole et les retraites ouvrières. Ce sont là autant de grandes questions dont mes études spéciales me permettraient de m'occuper avec quelque compétence.

Me ANDRIEUX. — Tout républicain modéré peut signer cela.

Me TRARIEUX. — Vous le signeriez, Monsieur Andrieux ?

Me ANDRIEUX. — Moi, je ne suis pas un modéré.

Me TRARIEUX. — Oh ! je m'excuse. Eh bien ! ne parlons pas de modération, bornons-nous à affirmer notre indépendance ; et, je vous le demande : « Tout cela n'est-il pas laid, et fort laid ? »

Vous expliquerez, si vous le pouvez, la sérénité avec laquelle M. Denayrouse vient nous dire quelques mois après cette circulaire : « Depuis cinq ans, ma conscience a « trop souffert ; — j'ai vu, dans la bande « d'amis dont j'ai fait partie, des pratiques « abominables ; — j'ai pris sur le fait le « chantage financier et politique ; j'en ai les » preuves dans les coffres d'une maison de « banque de Bruxelles ; je n'y tiens plus, il « me faut parler ! »

Oui, j'attends vos explications, mon confrère, car, pour moi, je ne parviens pas à comprendre l'état d'esprit d'un homme qui, ayant vécu aussi longtemps, de son plein gré, dans la demeure et parmi les amis de Gambetta, en vient à accuser tout à coup ce parti politique d'avoir été une caverne de voleurs.

M. Denayrouse. — Autrefois.

Me Trarieux. — M. Raynal, M. Ferry, M. Joseph Reinach n'étaient-ils donc pas groupés autrefois autour de Gambetta?

Me Andrieux. — Pas M. Ferry.

Me Trarieux. — Ceci n'est que de la controverse; mais pour M. Raynal et M. Joseph Reinach, au moins, les fidèles de Gambetta, vous ne pouvez pas contester.

J'ai achevé le portrait, Messieurs, et voilà l'homme dont vous avez à apprécier la conduite et à rechercher les mobiles. Vous sera-t-il, à présent, difficile de lire dans les arcanes secrets de son cœur? Ah! je ne crois pas qu'il soit nécessaire d'être un profond psychologue pour voir clair dans sa pensée et percer à jour ses desseins!

Que dans les luttes des partis la passion nous emporte; que nous manquions de justice envers nos adversaires et soyons prompts à accepter contre eux tous les soupçons; que la politique ne se montre pas toujours une école d'équité et que la diffamation y fasse quelquefois fortune... hélas! Messieurs, c'est là l'esprit humain, et peut-être doit-on quelque indulgence à ceux que de vieilles rancunes égarent. Mais qu'un de nos amis politiques quitte nos rangs à l'improviste; qu'oublieux des liens qui nous ont unis il se jette dans les bras de nos pires adversaires pour faire cause commune avec eux; qu'il aille, s'il s'appelle M. Denayrouse, se faire le pourvoyeur de la *Cocarde*, et que, du jour au lendemain, on le voie jeter la boue à pleines mains au visage de ses anciens compagnons d'armes, cela a un nom dans la langue française : cela s'appelle de la trahison, et la trahison a toujours quelque intérèt louche qui l'explique.

Nous traversons, à cette heure, une crise profonde et qui met en mouvement les esprits. Nous sommes à la veille d'une grande consultation électorale, et on peut prévoir que l'effondrement d'un certain nombre de fortunes politiques prépare une nouvelle organisation des partis. Peut-ètre M. Denayrouse pense-t-il que ceux là seront des candidats favorables qui auront su, à propos, manifester une indignation de bon aloi contre des scandales qui nous affligent; et, en réalité, tout ce beau zèle d'austérité aboutit à cette morale : M. Denayrouse n'a pas hésité à se tailler une candidature aux dépens de M. Raynal.

M. Denayrouse. — Je n'ai fait que ce qu'a fait M. Cavaignac.

Me Trarieux. — Vous outragez M. Cavaignac, qui, s'il était à cette audience, vous donnerait un démenti indigné. M. Cavaignac n'a eu besoin de diffamer personne pour accomplir l'acte courageux que vous nous rappelez.

Croyez-le bien, Messieurs, il n'y a pas autre chose en cette affaire qu'un égoïsme cruel qui cherche son triomphe dans la ruine des autres et est prêt à tout sacrifier à ses odieux calculs.

Eh quoi ! ce serait M. Raynal qui pourrait ainsi servir de victime propitiatoire à ces ambitions inavouables ? Mais qu'est donc M. Raynal en face de l'homme qui a osé méditer ce guet-apens ?

Je n'ai point la pensée, Messieurs, de faire ici son éloge, ce qui ne conviendrait ni à son caractère ni au mien ; mais n'ai-je pas le droit de faire ressortir l'unité de sa vie politique, la fidélité constante de ses amitiés en face de ces désertions et de ces apostasies ?

Peut-être ai-je mieux qu'un autre encore le droit de lui en rendre témoignage, moi qui n'ai pas toujours suivi sa voie, mais qui, au moment le plus connu de nos dissidences, n'ai cessé d'échanger avec lui cette estime mutuelle fondée sur le respect des opinions qu'on sait sincères et des dévouements qui ne peuvent se suspecter.

M. Raynal ne s'est-il jamais trompé? Certes, il ne le prétendrait point lui-même. Mais a-t-il jamais accompli un acte qui n'ait pas été celui d'un homme d'honneur? Tous ceux qui le connaissent s'uniront à nous pour rendre hommage à son passé.

Les attaques, il est vrai, ne lui ont pas manqué! Mais c'est là le lot accoutumé de tous ceux qui ont exercé de hautes charges dans l'État, et leur impuissance contre lui n'a fait que l'affermir dans la confiance de tous les hommes de bonne foi.

On lui a reproché son origine israélite; et c'est M. Denayrouse, ce disciple prétendu de la Révolution française, qui vient ici faire chorus à la campagne antisémite! Allons-nous donc, grands dieux! retourner plus d'un siècle en arrière, au temps où les rois de France prêtaient, à leur sacre, le serment d'extirper l'hérésie?

On parle aussi toujours des Conventions des chemins de fer de 1883. N'a-t-il pas, dans un procès célèbre, mis à néant cette légende misérable, qui ne rappelle, dans la pensée de beaucoup des hommes les plus considérables, qu'un des services les plus éminents qu'il ait pu rendre à son pays ?

Il est riche, cependant, insinuent les bonnes langues ; mais est-ce donc à ses fonctions publiques qu'il doit sa situation acquise ? ou même l'a-t-il conquise, comme M. Denayrouse, dans les dix ou quinze Conseils d'administration dont fait partie ce dernier ?

Ah ! par une prudence qui l'honore, M. Raynal n'a jamais connu ce genre de profits. Il aurait pu se faire ouvrir les portes de toutes les grandes Sociétés, toucher à toutes les affaires ; il a voulu s'armer d'une triple cuirasse contre les soupçons. Mais lui était-il interdit d'avoir une maison de commerce à Bordeaux et à Paris, dans laquelle, avec le concours de ses associés, il peut réaliser les gains les plus réguliers et les plus légitimes ?

Allons, Messieurs, que M. Denayrouse le confesse, il savait bien ce qu'il allait faire lorsque, à toutes ces rumeurs stupides, mais tenaces, il allait perfidement ajouter son récit d'un nouveau chantage politico-financier. Cette accusation ne pouvait manquer de réveiller des hostilités invétérées, mais le courage ne devait pas non plus faire défaut à M. Raynal pour lutter encore contre cette nouvelle épreuve dont il sortira de nouveau triomphant.

Cependant, Messieurs, tous ces assauts répétés, cette coalition de malveillances, ne sont pas sans laisser des traces cruelles, et, quelque philosophe qu'on puisse être, quelque sûr de soi-même qu'on se sente, quelque indifférent mépris que la calomnie inspire, avez-vous pensé aux tristesses morales qui finissent par nous assombrir quand nous nous voyons injustement en butte à tant de haines féroces ?

Jetez, Messieurs, les yeux sur les polémiques qu'ont suscitées dans la presse, depuis deux mois, les diffamations de M. Denayrouse, et demandez-vous s'il n'est pas équitable de proportionner la réparation qui vous a été demandée au mal qui a été fait ?

M. Denayrouse, croit, il est vrai, qu'il ne doit strictement répondre devant vous que de la publication de sa lettre ; mais n'est-il pas aussi responsable, dans une large mesure, de la répercussion profonde qu'elle a eue dans le public ?

Il a allumé la mèche, il a fait sauter la bombe, et c'est à lui que sont imputables les blessures faites par les débris de cette explosion.

Il n'est pas un journal en France qui n'ait parlé des pseudo-révélations de M. Denayrouse, et beaucoup ont laissé croire à leurs lecteurs, en les rapportant, que M. Raynal était un de ces hommes qu'il fallait clouer au pilori à côté de ceux dont les défaillances vont bientôt faire des criminels aux yeux de la France entière.

Je ne veux pas vous donner lecture de tous les numéros de journaux que j'ai dans mon dossier; mais au moins me permettrez-vous de vous faire quelques citations, pour vous montrer ce qu'ont pu dire certaines feuilles associées à l'exploitation du scandale que la lettre de M. Denayrouse a fait naître.

Me ANDRIEUX. — Je vous promets une compensation.

Me TRARIEUX. — C'est des provocations et des méchants propos de M. Denayrouse qu'il s'agit, et je ne pense pas qu'il ait rien à reprocher de pareil à M. Raynal et puisse le menacer de compensation.

Voici, Messieurs, quelques extraits de la polémique qui s'est poursuivie notamment à Bordeaux dans le journal le *Nouvelliste*. Je lis dans un article du 8 février de cette feuille, en réponse à une lettre d'un correspondant qui avait mis en doute la volonté de M. Denayrouse de poursuivre le procès jusqu'à cette audience, je lis, dis-je, le passage suivant :

Nous trouvons assez singulières ces réflexions. Le sort impartial a désigné un jury de nature à impressionner M. Denayrouse. Mais notre correspondant oublie-t-il que la bienveillante équité de M. Riflaud, président des assises, est là pour rassurer l'adversaire de M. Raynal et pour lui donner le sentiment qu'en vérité tous les citoyens sont bien égaux devant la loi et devant les austères magistrats qui la représentent ?

Là-dessus, M. Denayrouse s'empresse de rassurer en personne ceux qui peuvent croire ainsi à ses hésitations, et, courrier par courrier, il écrit :

« Monsieur le rédacteur en chef,
« Je prends connaissance des lignes que vous avez bien voulu consacrer aux préliminaires de mon procès devant la Cour d'assises de la Gironde.
« Voulez-vous me permettre de ne pas m'associer aux alarmes de votre correspondant « opportuniste » et de déclarer publiquement que je comparaîtrai devant le jury et la Cour de Bordeaux avec une pleine confiance dans la parfaite équité de mes juges ?
« Veuillez agréer l'expression de mes sentiments les plus distingués.

« Louis DENAYROUSE. »

Alors la polémique s'allume, et dans un numéro qui contient les portraits des grands justiciers, Mᵉ Andrieux en tête, M. Delahaye, M. Drumont, M. Morès, M. Cavaignac, M. Denayrouse, on voit figurer au-dessous les coupables et les flétris. On y voit le triste M. Baïhaut, M. Fontanes, M. Charles de Lesseps, M. Eiffel, Cornélius Herz, Arton, et enfin M. Raynal !!

Mᵉ Andrieux. — Ça ne prouve rien.

Mᵉ Trarieux. — C'est une question d'appréciation, mon confrère, et je ne fais que m'adresser au bon sens de MM. les jurés, me bornant à leur demander si M. Raynal aurait figuré dans ces imageries sans M. Denayrouse.

Je sais bien que mon confrère m'a dit, à un moment donné, que je prenais les choses trop au tragique, et qu'il convenait de leur donner de moindres proportions; mais qui sera dupe de cet appel à la philosophie?

On peut changer ses appréciations et son langage suivant les temps et les milieux. A mon avis, le bien est le bien, le mal est le mal, la déloyauté est la déloyauté, et la vérité n'aime pas les euphémismes.

La vérité, c'est que le *Nouvelliste* n'a appelé l'opprobre sur le nom de M. Raynal

que parce que M. Denayrouse lui en a fourni
l'occasion.

Les attaques ont continué dans le journal
du 24 février et dans celui du 28. Dans ce
dernier on va jusqu'à inventer que M. Raynal
aurait fait partie du Conseil d'administration
du Gaz parisien et posséderait un grand
nombre des actions de cette Société, et il
faut, pour échapper à l'émotion produite par
cette attaque, qu'il prouve n'avoir jamais été
dans l'affaire du Gaz parisien et n'en posséder
aucune action. Ce n'est pas même une homo-
nymie qui a permis la confusion qu'on a faite.
On a attribué à M. Maynal la situation propre
d'un M. DE Raynal, ancien substitut, je crois,
au tribunal de la Seine.

J'en pourrais citer encore plus long, mais
c'en est assez pour laisser au compte de
M. Denayrouse tout ce débordement d'outrages.

Que répondrez-vous à présent quand, la
main sur la conscience, vous aurez à rendre
votre verdict ?

Votre réponse va au delà de M. Raynal et
touche à un des plus grands intérêts sociaux
que mettent, à cette heure, en péril les
mœurs d'une certaine presse.

Il ne s'agit pas simplement de l'homme

public que je défends; il s'agit de tous les
serviteurs de l'État, qui finiraient par se décourager et qui n'oseraient plus servir leur
pays s'ils continuaient à se voir livrés, sans
une protection efficace, à la mauvaise foi de
diffamations systématiques.

Messieurs, j'ai, plus d'une fois, à la tribune, exprimé cette opinion que c'était à
vous que devait revenir le soin de tenir en
mains les balances de la Justice lorsqu'il s'a-
gissait de juger les hommes qui gèrent les
intérêts de l'État, et je n'ai rien à en rétrac-
ter; mais, vous ne devez pas l'oublier, c'en
serait vite fait de la liberté si vous ne saviez
pas avec une impitoyable vigilance arrêter le
flot montant des entreprises de scandales.

Oui, on dit, et on a raison, que la discussion des actes du Gouvernement et de ceux
qui le représentent doit être entière, afin d'é-
viter par un large contrôle les abus que
favorisent les régimes dans lesquels ni la
plume ni la parole n'ont leurs libres fran-
chises. Autre chose est, cependant, la diffamation cynique, autre chose les garanties
dues à la liberté.

Que l'écrivain dénonce la corruption et la
simonie, il y faut applaudir lorsqu'il y est
poussé par sa conscience. C'est là ce qui fait

l'honneur de la République poursuivant à
cette heure, sans pitié, ceux qui l'ont trahie,
et mettant au-dessus de tout autre intérêt
gouvernemental le souci de la probité publique; seulement, il n'y a rien de commun
entre cette soif de justice et le métier des
sycophantes qui ne visent, dans leurs déla-
tions pharisaïques, qu'à déshonorer les meilleurs citoyens!

Messieurs, M. Denayrouse a voulu perdre
M. Raynal qui ne lui avait donné aucun sujet
de plainte. La *Cocarde*, affriandée par
M. Denayrouse, lui a mis avec empressement
en main l'arme qui devait lui permettre d'accomplir cette basse œuvre. Tous les deux
ont diffamé, et tous les deux doivent être
déclarés coupables. S'il fut un temps où ils
auraient pu peut-être se couvrir d'une loi qui
promettait des récompenses aux dénoncia-
teurs, plus humaine que la loi révolutionnaire
notre législation actuelle ajoute que vous
avez à châtier et à flétrir la calomnie!

LE PROCÈS DE LA LIGUE

DES DROITS DE L'HOMME

Messieurs,

Je dois, dès mes premiers mots, remercier
M. le Président d'avoir bien voulu m'admettre à assister devant vous, à cette audience,
mon éminent ami M. Duclaux. Je lui en exprime ma sincère reconnaissance.

Je suis d'autant plus sensible à la faveur
dont j'ai été ainsi l'objet qu'elle m'aura
valu l'un des plus grands honneurs de ma
carrière politique. C'est la science au service
du droit, c'est le civisme doublé de la grandeur du caractère que je viens ici défendre
dans la personne de cet accusé invraisemblable qui, en dehors des passe-temps de la
police correctionnelle, honore la France, en

soutenant avec éclat l'héritage du grand
Pasteur. J'en aurais presque de l'orgueil si
je pouvais éprouver un autre sentiment, à
cette heure, que celui d'une patriotique tristesse en voyant s'égarer contre de pareils
justiciables des rigueurs gouvernementales si
peu compatibles avec l'esprit de notre régime républicain.

Duclaux est poursuivi devant vous,
Messieurs, en vertu de l'article 291 du Code
pénal et de la loi de 1834, pour avoir fait
partie d'une association non autorisée, la
Ligue française pour la défense des Droits
de l'homme et du citoyen. On a jugé que
c'était là, de sa part, un délit impardonnable et qui exigeait sa comparution sur ces
bancs. On veut sa condamnation. Cent
autres associations, non moins irrégulières
que celle qu'on prétend atteindre en la
frappant, continueront à subsister sous l'œil
bienveillant du gouvernement, mais c'est la
Ligue française pour la défense des Droits
de l'homme et du citoyen qui fait ombrage
et c'est elle qu'on a jugé nécessaire de faire
disparaître.

Qu'a donc été cette Ligue? Quels méfaits
a-t-elle commis? Quels reproches est-on [en
droit de lui adresser? Quel est l'intérêt

urgent qui exige que l'on brise ses
cadres ?

Notre premier soin doit être de rechercher
ses origines, de connaître son histoire ; de
savoir quel rôle y a joué M. Duclaux, et
quels mobiles l'ont poussé à s'y agréger ?
Alors, nous aurons à nous demander
jusqu'où peuvent aller l'arbitraire et les abus
de pouvoir si rien dans les faits qu'il nous
aura été donné de constater ne peut justifier
l'exceptionnelle sévérité employée contre des
hommes dont le seul crime pourrait bien n'être
que d'avoir trop pris au sérieux la grande
charte révolutionnaire portant déclaration
des Droits de l'homme, en cherchant à
donner à ses enseignements trop oubliés une
vie nouvelle.

La Ligue française pour la défense des
Droits de l'homme et du citoyen est née des
événements tragiques qui depuis la fin de
l'année 1897 agitent et troublent le pays.

Elle a eu pour premiers promoteurs les
principaux témoins qui étaient venus, au
mois de février 1898, apporter devant la
cour d'assises, dans le procès Zola, des
renseignements propres à éclairer la justice
sur les dessous d'une affaire qui devait,
avant de parvenir à s'élucider, voir se

dresser contre elle tant de redoutables résistances.

Ces hommes de bonne volonté, au nombre
d'une dizaine environ, avaient vu avec
douleur le formidable effort tenté pour
étouffer la plainte d'un malheureux cendamné
apportant les preuves de l'erreur judiciaire
dont il se disait victime. — Ils avaient suivi
avec stupeur les débats d'un conseil de guerre
devant lequel la légende aussi stupide que
menteuse de la dame voilée était venue
dissimuler aux yeux du pays les plus
abominables intrigues qui aient jamais été
imaginées pour transformer en un simple
simulacre l'œuvre sacrée de la justice.
Ils sortaient du prétoire où, pendant
huit mortelles journées, ils avaient entendu
les clameurs retentissantes de : *A bas* et
à mort les Juifs ! jetant autour d'elles
la terreur, menaçant la liberté de la
défense, et cherchant à opprimer l'indépendance du juge.

Devant un tel spectacle, ils s'étaient
confié leurs inquiétudes, leurs alarmes, et,
se demandant si rien n'était possible pour
arrêter ce déchaînement de passions, de vio-
lences et de fureur, ils s'étaient dit qu'il n'est
jamais permis de se croiser les bras tant

qu'on peut combattre le mal, quelque faible
que doive être l'effort.

Ce n'était pas seulement d'ailleurs la cause
isolée d'un homme qui était à défendre,
c'était, derrière cette cause, le droit, la justice,
l'humanité, l'intérêt même de la République
et l'avenir du pays qui leur paraissaient me-
nacés par des désordres moraux qui ne
pouvaient que s'aggraver et s'étendre si on
leur laissait libre cours.

Ils pouvaient douter d'eux-mêmes, mais
ils ne doutaient pas de leur devoir et, à
l'exemple des ancêtres qui, dans plus d'une
conjoncture de notre histoire, recoururent à
l'initiative privée pour se porter au secours
de la liberté en danger, quand elle n'avait
plus à compter sur les forces d'en haut, ils
décidèrent d'unir leur action en se plaçant
une fois de plus sous la vivifiante devise :
« Aide-toi, le ciel t'aidera ! »

Aussitôt qu'un groupe suffisant d'adhérents
à cette idée inspiratrice fut constitué, on se
décida à élaborer le programme d'une association et, le 6 juin, ce programme fut définitivement arrêté dans une réunion nom-
breuse qui se tint à l'hôtel des Sociétés
savantes.

Je ne crois pouvoir mieux faire, pour vous

édifier sur l'œuvre qu'entendait accomplir
cette association naissante, que de vous lire
un court passage du discours que je pro-
nonçai en prenant possession du fauteuil de
la présidence, qu'on me fit le très grand
honneur de me confier.

Voici en quels termes je m'exprimai :

C'est un honneur dont je suis très fier, que
d'avoir à diriger la délibération qui va s'ouvrir
entre nous. Elle ne doit être que l'acte très simple
de citoyens libres cherchant à s'organiser et à
s'entendre pour la défense sacrée de leurs droits,
mais de tels actes ont quelquefois plus marqué
dans l'histoire que certains débats de parade où
l'on doit sacrifier à l'opinion du monde suivant le
rite officiel. (*Applaudissements.*)

Ce qui grandit une assemblée comme la nôtre
et en élève le caractère, c'est le désintéressement
du but qu'elle poursuit, et l'union généreuse des
sentiments qu'elle suppose.

Hier nous ne nous connaissions pas, et tout à
coup, sous l'action irrésistible d'une même crise
morale (*Applaudissements)*, nous nous sommes
révélés les uns aux autres comme obéissant aux
mêmes besoins de conscience et d'esprit. Qui nous
a rapprochés et groupés ? L'idée seule de devoir,
à laquelle aucune préoccupation d'intérêt personnel ne s'est associée.

Ce devoir, il se résume d'un mot. C'est de

défendre, contre des menaces sourdes de contre-
révolution, les principes fondamentaux de la
déclaration des Droits de l'Homme, sur lesquels
repose, depuis cent ans, l'unité de la patrie.
(Applaudissements prolongés.)

Nous avons ressenti le même émoi à la pensée
de voir renaître, sous le souffle de haines sau-
vages, l'ère des guerres religieuses. *(Applaudis-*
sements.)

Nous avons ensemble frémi d'indignation en
entendant dans nos rues et jusque dans le prétoire auguste de la justice des cris de mort pro-
férés contre certaine catégorie de nos concitoyens.
(Bravos répétés.)

Nous voulons maintenir l'égalité de tous les
Français devant la loi, sans distinction d'origine,
de classe, de race, de religion, de croyance, comme
l'ont voulu nos pères, et nous serrons les rangs
autour de la France moderne qu'ils nous ont créée,
prêts à combattre tout esprit de retour à la France
du passé. *(Applaudissements.)*

Nous sommes enfin fidèles à la liberté impar-
tiale et vraie, sans restriction et sans faiblesse,
qui a illuminé le monde en 1789, et, la voyant en
danger, nous lui apportons nos bonnes volontés
impatientes de se dévouer pour elle !

Notre pensée, vous le voyez, Messieurs,
ne se limitait pas à la défense de l'infortuné
Dreyfus. Son cas nous avait été une révélation

et un exemple. Nous avions vu en lui l'impuissance de l'homme isolé dans sa faiblesse pour
résister aux abus de la force quand la tutelle
gouvernementale ne s'exerce plus. Nous
nous étions dit que pour dénoncer et combattre l'injustice à laquelle tout citoyen peut
se trouver exposé, ce n'est pas assez toujours
d'une réclamation individuelle, et qu'il faut
parfois, pour la faire entendre, la renforcer
de l'autorité que peut lui apporter le concours
d'une action collective. De même qu'il existe
des sociétés de secours mutuels contre la maladie, les accidents et la misère, de même n'en
doit-il pas exister pour la protection de la
liberté et de l'honneur ? qu'il s'agisse de droits
immatériels ou du soin de la vie, ce sont
toujours les mêmes liens de solidarité humaine
qui nous unissent les uns aux autres, et notre
ambition était d'organiser une sorte de vaste
mutualité d'intérêts moraux.

Je ne pense pas que dans la définition de
ces intérêts, pour les républicains du moins,
nous ayons pu provoquer la critique. C'est à
la Déclaration même des Droits de l'Homme,
qui vint, en 1879, ouvrir une voie nouvelle
à la marche de l'humanité, que nous nous
sommes référés pour tracer le champ de notre
activité. Nous n'avons pas voulu d'autre

éatéchisme, et nous ne pouvions, je suppose,
en choisir un plus conforme à la fois à l'esprit
moderne de la France et aux institutions
qu'elle s'est données. En faisant appel sur un
pareil terrain à nos concitoyens, nous pouvions
voir rester à l'écart tous ceux que hantent
encore les souvenirs de l'ancien régime, mais
nous devions espérer, au contraire, voir
accourir, nous semblait-il, tous les vrais fils
de la Révolution.

Comme toute société veut avoir ses règles
fixes et stables, nous avions arrêté la rédaction
de statuts qui avaient été votés dans l'assemblée constitutive. Je crois devoir vous en
soumettre les principales dispositions :

ART. 2. — Cette association prend le nom de
Ligue française pour la défense des Droits de
l'Homme et du Citoyen.

ART. 3. — **Elle fait appel à tous ceux qui, sans
distinction de croyance religieuse ou d'opinion
politique, veulent une union sincère entre tous
les Français et sont convaincus que toutes les
formes d'arbitraire et d'intolérance sont une
menace de déchirements civils, une menace à la
civilisation et au progrès.**

ART. 6. — La Ligue est dirigée par *un comité
de trente-six membres*, qui a son siège à Paris.
Ce comité est nommé à l'origine par les adhérents

fondateurs et renouvelé par tiers chaque année par l'assemblée générale. Les membres sortants sont rééligibles.

ART. 7. — *Le comité nomme son bureau* qui se compose d'un président, de deux vice-présidents, d'un secrétaire général, d'un secrétaire adjoint et d'un trésorier.

ART. 8. — Le comité se réunit toutes les fois qu'une question rentrant dans l'objet des statuts lui est signalée. Les convocations sont faites par le président et l'un des secrétaires.

Le vote de ces statuts avait été suivi de la nomination des membres du comité, et la composition de ce comité, modifiée par quelques noms seulement depuis son origine, n'était pas moins que le fond même du plan d'action confié à son initiative un gage d'avenir.

Presque aussitôt en fonctions, ce comité se mit à l'œuvre, et eut à arrêter l'ordre du jour de ses travaux. Il ne lui suffisait plus de rester dans les généralités, et il devait indiquer ce qu'il voyait de plus urgent à entreprendre. Il le fit sans ambages, avec la sincérité et la netteté de décision qui conviennent à des hommes qui n'ont rien à cacher et entendent agir au grand jour. Le 4 juillet, les membres de ce comité annon-

cèrent leurs intentions dans le manifeste
suivant, qu'ils adressèrent à tous leurs
collègues :

Chers Collègues,

Votre comité est définitivement constitué, et,
après avoir déposé les statuts de votre association,
il est prêt à se mettre à l'œuvre pour l'exécution
de votre programme.

Vous vous êtes préoccupés d'assurer le respect
des Droits de l'Homme et du Citoyen. A partir de
ce jour, toute personne dont la liberté serait menacée ou dont le droit serait violé est assurée de
trouver auprès de nous aide et assistance.

Nous sommes saisis, dès à présent, de la grave
question qui a inspiré à ses fondateurs l'idée première de notre Ligue. Nous comptons travailler à
sa solution dans la mesure de ce que nos moyens
d'action pourront nous permettre, c'est-à-dire à
l'abri des lois du pays.

Le point essentiel par lequel la Déclaration des
Droits de l'Homme de 1789, dont vous avez fait
votre charte, s'y trouve engagée, c'est moins le fait
d'une condamnation qui est, aux yeux de la plupart
d'entre nous, une erreur judiciaire, que l'irrégularité de la procédure qui l'a préparée.

Il est de notoriété qu'un officier a été condamné
par un conseil de guerre sur la communication faite
à ses juges de pièces secrètes dont il ne pouvait pas
même soupçonner l'existence, et quels qu'aient été
les motifs d'un semblable oubli des règles de l'ins-

truction criminelle, nous ne pouvons admettre que
le désir d'en couvrir les responsabilités aille jusqu'au parti pris d'y fermer les yeux.

L'intérêt de tous les citoyens est engagé à ne jamais accepter, même sous prétexte de raison d'Etat,
l'abandon des formes légales qui sont la garantie
d'une application prudente de nos lois répressives.
L'œuvre de la Justice n'offrirait aucune sécurité,
si la violation flagrante des droits de la défense
restait sans recours.

On aurait pensé que l'opinion tout entière s'élè-
verait contre une illégalité dont le Code pénal lui-
même réclame la réparation, mais des passions
d'un autre âge se sont déchaînées, et l'antisémitisme a éloigné de nous, pour un moment, un
grand nombre de ceux qui, sans approuver au
fond ses tendances, n'osent pas affronter ses menaces. Il s'est fait comme une sorte de **Terreur**
sous l'action perfide d'une campagne de diffamations et de mensonges, et les vociférations organisées de *A bas, à mort les Juifs !* ont transformé
en question politique une cause qui n'est en réalité
que d'ordre purement judiciaire.

Cette poussée d'aveugle fanatisme ajoute au
devoir de redresser une injustice celui, plus grand
encore, de sauver l'âme de la France d'un grave
péril.

L'antisémitisme a pu, à la faveur d'une trop
longue impunité pour ses menaces et ses provocations, finir par opprimer l'Algérie ; il ne faut pas

que, s'infiltrant dans la métropole, il arrive à l'égarer à son tour et y détruise peu à peu les principes d'égalité civile et politique qui nous ont ouvert depuis 1789 l'idéal d'humanité dont nous portons la responsabilité dans le monde ! L'unité de la Patrie que nous ont léguée nos pères est à ce prix. On ne reconnaîtrait plus bientôt la patrie française, si, au lieu d'être des citoyens égaux devant ses lois, nous redevenions, en remontant à plus d'un siècle en arrière, un peuple voué aux préjugés de races, aux haines religieuses et à l'intolérance sectaire.

Le condamné de 1894 n'est pas plus juif à nos yeux que tout autre, à sa place, ne serait catholique, protestant ou philosophe. Nous ne voyons en lui qu'un citoyen dont les droits sont les nôtres et nous repoussons, comme un recul inattendu des idées de liberté, les distinctions de sectes qu'on prétendrait établir en sa personne.

Ces sentiments de tolérance nous ont sans doute valu d'odieux outrages et peuvent nous en réserver de nouveaux ; mais insensibles à la voix de l'intérêt quand il s'agit de rester d'accord avec nous-mêmes, rien ne saurait nous en détourner.

Gardons-nous, d'ailleurs, chers collègues, d'exagérer le danger du vent de folie qui vient de passer sur nos têtes. Ayons confiance dans la Raison dont les éclipses ne durent qu'un temps. Soyez sûrs que vous préparez son triomphe en restant, à son service, la conscience vivante et agissante du pays.

L'antisémitisme, un moment maître de la voie publique et du Palais de Justice, dut voir sans doute d'un très mauvais œil ce réveil du bon sens et de la conscience publics; mais je crois, j'affirme, parce que j'en ai eu dans ma correspondance privée des preuves nombreuses, que, du jour où nous nous montrâmes ainsi fermement décidés à lui tenir tête, beaucoup se sentirent soulagés, respirèrent plus à l'aise, et reprirent confiance dans l'avenir.

Je n'ai pas la pensée, Messieurs, de vous faire suivre ainsi pas à pas la vie sociale de la Ligue dans toutes ses manifestations extérieures. J'ai pourtaut quelques citations à vous soumettre encore pour vous bien pénétrer de l'idée directrice qui a présidé à tous nos actes.

Notre pacte étant d'essence républicaine, nous n'avons cessé de nous montrer des hommes d'ordre, en même temps que des hommes de liberté. Nous voulions aider le pays à résoudre un grand problème moral, mais nous n'entendions point lui faire violence. Nous n'avions pas à porter l'agitation dans la rue, quand nous trouvions dans nos libertés publiques tous les moyens de persuasion nécessaires. Notre préoccupation domi-

nante, notre constant souci a été de nous
montrer en toutes circonstances respectueux
des lois de la République.

Nous en avons donné un témoignage écla-
tant aussitôt après notre constitution. Nous
nous pourvûmes auprès de M. le ministre de
l'Intérieur pour obtenir l'autorisation gouvernementale au régime de laquelle les associations sont encore soumises. Cette autorisation
nous fut refusée, mais en présence de ce refus
nous notifiâmes sans plus tarder la situation
de fait que nous entendions prendre, de manière qu'on pût nous enjoindre d'avoir à nous
dissoudre si on n'entendait même pas nous
tolérer.

Voici la lettre que j'adressai, dans ce but, à
M. le président du Conseil Brisson, sous la
date du 23 juillet dernier.

Paris, le 23 juillet 1898.

A M. le Président du Conseil des Ministres.

Monsieur le Président du Conseil,

J'ai l'honneur de vous accuser réception de
votre lettre en date du 19 courant, me faisant savoir que le gouvernement « se voit dans l'obligation de refuser son agrément à la Ligue pour la
défense des Droits de l'Homme et du Citoyen. »

Je ne saurais vous cacher, Monsieur le Prési-

dent du Conseil, que j'éprouve une pénible surprise de voir ainsi repousser la demande dont
j'avais eu l'honneur de vous saisir. Quelles associations pourront prétendre à se créer une existence
légale, si une ligue fondée pour la défense de la
loi et de la liberté individuelle, c'est-à-dire pour ce
qui est le fondement même du droit républicain,
en est à exciter la défiance ?

Nous n'avons point, toutefois, la pensée, Monsieur le Président du Conseil, d'entrer en révolte
contre votre décision, mais nous nous proposons,
au contraire, de mettre à profit le peu qu'elle
semble nous accorder. Tout en refusant de régula-
riser notre situation, vous ne nous refusez pas le
régime de la tolérance dont jouissent, à côté de
nous, tant d'autres associations dont le but pourrait paraître discutable. Nous en userons dans la
limite de ce que les lois du pays autorisent, et
nous avons confiance, pour l'honneur même de la
République, que nous ne nous verrons pas exposés
à d'exceptionnelles rigueurs.

Veuillez agréer, Monsieur le Président du Conseil, l'assurance de ma haute considération et de
mes sentiments distingués.

Le Président de la Ligue,
L. TRARIEUX.

Cette lettre nous donna, au moins, le
mérite de la franchise en dessinant nettement
notre plan de conduite. On eût pu nous pour-

suivre, nous disperser, puisque notre existence avait été ouvertement dénoncée. On
nous laissa jouir de la tolérance dont nous
nous étions réclamés, et dont tant d'autres
associations, d'un caractère bien autrement
inquiétant pour l'État que la nôtre, bénéfi-
ciaient déjà.

A partir de ce pacte tacite de tolérance,
qui mettait au moins hors de doute notre
bonne foi, quelle a été notre conduite ? Nous
avons usé de la plume et de la parole pour
soutenir des opinions que nous étions libres
d'exprimer et auxquelles les événements devaient peu à peu donner raison ; mais, malgré
l'ardeur des luttes auxquelles nous nous
sommes trouvés mêlés, je ne sais pas en quelle
occasion on pourrait nous reprocher d'avoir
manqué de modération et de mesure.

Je ne veux vous donner que quelques
exemples de ce que je crois pouvoir appeler
notre sagesse.

Au début du mois d'octobre dernier, l'annonce d'une réunion publique à la salle Wa-
gram avait provoqué des manifestations
menaçantes de la part de la Ligue des patriotes
qui empêchèrent cette réunion de s'ouvrir.
Un journal, *les Droits de l'Homme*, trouva
que nous n'avions pas su nous défendre. Il

accusa notre Ligue de mollesse parce qu'elle n'avait pas répondu à la violence dont nous avions été victimes ainsi qu'il convenait. Je pris texte de cette accusation pour expliquer et justifier notre attitude. Voici quelle fut ma réponse :

Ceci dit, la Ligue dont j'ai l'honneur d'être le président aurait-elle, comme vous semblez l'avoir pensé, le devoir d'élever une protestation imposante contre des abus qu'elle déplore ainsi que vous ?

Je me le suis, je vous l'avoue, sérieusement demandé, mais il ne me paraît pas, après y avoir réfléchi, que ce soit là pour nous, à cette heure, la meilleure attitude à prendre.

Nous sommes en face d'adversaires, ne nous le dissimulons pas, pour lesquels tout prétexte à des manifestations nouvelles serait le bienvenu.

Je vois en eux de véritables agents provocateurs qui ne demanderaient pas mieux que de nous conduire à quelque échauffourée dont la liberté courrait, une fois de plus, le risque de payer les frais. Nous ne devons pas tomber dans leurs pièges. Ils sont la violence sans scrupule ; laissons leur violence sans emploi. Nous n'avons, nous, jamais fait appel qu'à la raison : donnons-nous sur eux l'avantage de rester des gens raisonnables.

Quelques semaines plus tard, les Ligues sœurs des patriotes et des antisémites annoncèrent l'intention de provoquer, pour le jour de la rentrée des Chambres, sur la place de la Concorde, une vaste démonstration contre le Parlement et le Cabinet. Des placards furent affichés en grand nombre qui appelaient les citoyens à se joindre aux affiliés.

Ne pouvait-on craindre des collisions et des désordres si des forces hostiles venaient à se trouver en présence ? Prévoyant le danger, la Ligue pour la Défense des Droits de l'Homme et du Citoyen s'empressa de conseiller à tous ses membres le calme et la prudence et fit entendre le langage qu'eût pu tenir le Gouvernement :

La Ligue des Droits de l'Homme et du Citoyen, fondée pour la défense des principes de 1789, de la République et de la loi, se doit à elle-même, doit à ses membres et au pays, dans la crise si grave que traverse la France, d'exposer nettement son attitude et les motifs qui la lui dictent.

Elle n'est pas de ces associations provocatrices qui naissent et renaissent comme des champignons vénéneux dans les époques de fermentation césarienne et qui n'ont d'autre objet que d'entraver ou d'empêcher l'exercice des droits les plus sacrés, de déchaîner le désordre et de transporter les questions de la sphère des discussions pacifiques sur la place publique ou dans la rue.

Elle respecte trop sincèrement la légalité, elle a trop confiance dans l'opinion éclairée, elle répudie trop énergiquement tous les appels à la force, sous quelque forme, au nom de quelque prétexte qu'ils se produisent, pour faire le jeu des éternels ennemis de la République et de la liberté.

Ce n'est pas à l'heure où la juridiction la plus haute du pays va enfin faire la lumière et où le Parlement, éclairé par les événements, va avoir à se prononcer entre le césarisme et la République, entre le régime du droit et celui de l'arbitraire, — ce n'est pas à ce moment critique que la Ligue abandonnera sa politique, résolument, invariablement respectueuse de la légalité, pour convier les citoyens à tomber dans le piège grossier des fauteurs de désordre.

Enfin, je rappelle ce qui s'est passé le jour du Congrès de Versailles où l'union clairvoyante de 483 républicains dans les deux assemblées assura l'élection comme président de la République de celui dont la présence à l'Élysée est, à cette heure, pour la nation, un gage de paix sociale et de sécurité intérieure. Pendant que de prétendus patriotes faisaient au nouveau chef de l'État, à sa rentrée dans Paris, l'accueil odieux qu'on se rappelle et où semblait s'annoncer comme une intention de complot, que faisait la Ligue pour la Défense des Droits de l'Homme et du Citoyen ? Elle

communiquait à la presse cette protestation
où son véritable esprit se révèle : .

Le comité central de la Ligue française pour la
défense des Droits de l'homme et du citoyen ne
saurait garder le silence en face des manifestations
séditieuses provoquées contre le Président de la
République par des hommes qui se donnent pour
les représentants attitrés des idées d'ordre et de
patriotisme.

Voilà donc, ouvertement démasquée, l'équivoque derrière laquelle se machine une intrigue
de césarisme, sous les apparences d'un appel loyal
à l'esprit d'apaisement et d'union.

Cette attitude, qui est prise vis-à-vis du chef de
l'État le jour même de son élection régulière au
pouvoir, n'est autre chose qu'une révolte ouverte
eontre le principe de souveraineté qui réside par
délégation du pays dans la représentation nationale.

La Ligue française pour la défense des Droits
de l'homme et du citoyen doit s'abstenir de répondre à cet égarement de la passion politique
autrement que par un redoublement de respect
pour la loi républicaine.

Elle sortirait de son rôle en opposant un chant
de triomphe à des cris de colère, et elle doit se
borner à enregistrer l'acte du Congrès de Versailles comme un gage de sécurité et une espérance d'avenir.

: Héritière des principes de 1789, elle ne peut que se réjouir de voir la République affirmer une fois de plus son autorité et sa force dans l'accord d'une majorité de républicains décidés à la défendre contre les manœuvres des partis.

Elle a plus que jamais confiance dans les idées de droit, de justice et de liberté promises à la conscience humaine par la Révolution française, et elle s'incline avec respect devant celui que le Congrès de Versailles a jugé capable d'en être le meilleur gardien.

Telle avait été notre constante attitude, tel était notre loyalisme éprouvé quand tout à coup, au lendemain même de notre manifestation en l'honneur du chef du pouvoir, il suffit d'une échauffourée à la caserne de Reuilly, dont je m'abstiens de juger le caractère, ne voulant point ici sortir de mon rôle, pour que, tout à coup, une menace vînt nous troubler en pleine sécurité. Parce que d'autres avaient rêvé la destruction de nos institutions, parce que des généraux avaient été incités à trahir la République, parce que nous avions entrevu le spectre de la guerre civile, parce qu'on était acculé à la nécessité de sévir contre des menées factieuses qu'on n'avait pas su prévenir, on avait conçu la pensée de nous jeter par-dessus bord en même temps.

qu'on frapperait ceux qui n'avaient cessé d'être nos adversaires. Je crois que cela s'appelle, par opposition à la loi de justice, le système des compensations. On s'imagina qu'en sévissant à la fois contre innocents et coupables, on aurait l'apparence de l'impartialité et que le sacrifice des uns servirait d'excuse au châtiment mérité des autres.

Je réserve mon jugement sur ce système d'équilibre gouvernemental au point de vue politique ; mais ce que je ne saurais trop critiquer ce sont les prétextes inventés alors pour colorer la mesure vraiment inique dont nous allions être victimes.

On ne pouvait décemment nous dire :

« Nous sommes dans la nécessité de vous disperser parce qu'il nous faut dissoudre la Ligue des patriotes. » Et alors on a imaginé contre nous ce qui peut bien s'appeler une querelle d'Allemands, mais ce qui est, au moins, si l'on préfère, un véritable procès de tendance.

Un jour, du haut de la tribune, M. le président du Conseil nous fait savoir, comme par hasard, dans une phrase incidente d'un de ces discours, que nous avons provoqué par tout le pays une agitation dangereuse. Bientôt sa pensée se précise, et nous apprenons qu'on nous accuse d'avoir, sous des apparences de fausse sagesse, travaillé à désorganiser l'État.

Nous aurions tendu la main aux ennemis attitrés de l'ordre légal, et pactisé, dans une campagne de réunions publiques, avec les chefs du parti anarchiste pour la propagation de leurs doctrines.

Je ne crois guère que personne ait pu prendre le reproche au sérieux, mais il est trop grave pour que je n'y réponde pas, puisque l'occasion s'en présente.

Où a-t-on vu que la Ligue des droits de l'Homme et du Citoyen est subi l'influence anarchiste? Dans quelle circonstance, par quel acte aurions-nous fait appel aux théories subversives de toute organisation sociale pour défendre un programme qui y est expressément contraire? On peut consulter nos cadres. Aucun des noms qu'il est permis de citer comme répondant à l'idée d'anarchie n'y figure. Notre association n'a donc reçu ni pu recevoir aucune direction des personnages qu'on a visés.

Mais il y a eu, a-t-on dit, des rencontres dans des réunions publiques où, au lieu de se traiter en ennemis, de se prendre au collet, de s'anathématiser et de chercher à s'exclure,

on a soutenu ensemble la même cause et défendu en commun les idées de justice et de
liberté. « Dis-moi qui tu hantes, je te dirai
qui tu es. » Nous aurions eu le tort de fré-
quenter une mauvaise compagnie !

Mais tournez-vous donc, de grâce, pourrions
nous faire observer, et l'on vous répondra.
Est-ce à ceux qui ont lié partie avec
d'anciens leaders du *Père Duchène*, devenus
bien inopinément les défenseurs de l'ordre et
de l'armée, qu'il pourrait convenir de se
montrer si sévères sur le choix des relations
qu'il est permis d'avoir ?

Nous sommes surpris, d'un purisme qu'on
pratique si mal pour soi-même ; mais surtout,
je me hâte de le dire, nous nous élevons
contre les critiques étroites et tout à fait illi-
bérales que nous rencontrons dans la bouche
de républicains sur l'exercice du droit de
réunion.

Eh quoi ! les réunions publiques ne sont-elles
donc pas ouvertes à qui veut y venir pour
s'instruire ou pour instruire les autres ?
Tout assistant n'a-t-il pas le droit d'y demander et d'y prendre la parole ? Le langage
qui s'y tient, les idées qu'on y développe se
jugent-ils d'après le nom de l'orateur ou sur
l'impression qu'ils produisent ? N'y demande-

t-on pas au premier venu, comme autrefois
le Hérault sur la place publique d'Athènes :
« Qui veut parler ? » qui veut parler pour la
vérité, pour la justice, pour le bien public,
pour l'amour de l'humanité ? Mais qu'il s'en
lève, et aussi nombreux que possible, de ces
citoyens éloquents qui peuvent sur de tels
sujets émouvoir une assemblée, et ne doit-on
pas se féliciter quand, sans distinction d'origine et d'opinion politique, les réunions qu'on
a provoquées présentent, par exception, une
atmosphère de cordiale entente où les cœurs
sont fermés à la haine pour s'unir dans une
même aspiration de solidarité et de compas-
sion humaines ?

C'est là ce que nous avons connu, ce qui a
fait notre force, ce dont nous nous sommes
réjouis, et aux trembleurs qui s'étonnent que
nous ayons été ainsi hardiment vers le peuple
sans nous demander qui viendrait nous entendre, nous répondons par l'exemple de celui
qni, en se montrant au milieu des péagers,
savait braver la censure des scribes et des
pharisiens.

Non, non, la liberté qu'on voudrait nous
doser n'est pas celle qu'a voulue la République ; et, dans le reproche qu'on nous
adresse, je ne vois que le procès de la liberté !

Voulez-vous, du reste, savoir au juste, Messieurs, dans quelle mesure nous aurions pu, en acceptant tous les concours qui nous sont venus, altérer nos principes ou compromettre nos caractères ? Nous n'avons qu'à gagner à approfondir la question, car ce sera le meilleur moyen de vous montrer combien sont inexacts et injustes les soupçons à l'aide desquels on aurait été bien aise de pouvoir nous déconsidérer. Je me suis nettement et publiquement expliqué, en deux circonstances, sur les rapports de la Ligue avec ceux qui pouvaient, dans les réunions ou ailleurs, collaborer à son œuvre.

Une première fois, c'est dans une assemblée générale que je présidais, le 23 décembre dernier, à la salle de l'Élysée-Montmartre. M. Sébastien Faure, qui y assistait comme membre de la presse, avait pris la parole, et m'avait en quelque sorte mis en demeure de lui répondre. Voici le compte rendu analytique de son discours :

« M. Sébastien Faure rappelle que ses amis et lui ont été parmi les premiers à se prononcer en faveur d'une cause qui leur était étrangère, mais qui leur a paru être celle de la Justice. L'amour du bien, la haine du mal, ont été leurs seuls mobiles. En se rapprochant, dans cette lutte pour soutenir le même combat, d'hommes dont ils ne partagent pas les opinions, tels que MM. Trarieux, Yves Guyot, Reinach, ils n'ont vu qu'un intérêt, fortifier le faisceau des forces défensives contre l'iniquité triomphante; mais ils se sont demandé, en même temps, si ces alliés d'une heure avaient bien, eux aussi, pesé la portée de leur acte, et s'ils ne craignaient pas que leurs relations nouvelles ne les fissent accuser par leurs anciens amis d'être entrés dans une société de malfaiteurs. »

Je ne laissai pas passer l'allusion, et le compte rendu reproduit, comme suit, mon langage :

« Ses amis et lui, dit M. Trarieux, en résumé, n'ont eu aucun embarras à se rencontrer avec M. Sébastien Faure sur un terrain où l'humanité et le droit seuls étaient en cause. Il n'y a à répudier aucun concours quand il s'agit de se porter à la défense de la justice menacée, et c'est un honneur autant qu'un acte de raison que de s'allier aux heures de danger à des adversaires de la veille pour combattre ensemble le bon combat.

« Mais, dans ces alliances nées du hasard des choses, personne n'entend rien abdiquer

de son passé et de ses préférences politiques.
L'on ne s'y diminue point, puisqu'on conserve l'intégralité de son indépendance.

« Ce qui est vrai, c'est qu'on y apprend peut-être à se mieux connaître, à se mieux juger, et que si, plus tard, on doit, de nouveau, se trouver en désaccord, on aura des souvenirs qui disposeront à s'apprécier avec plus d'indulgence. »

Une autre fois, Messieurs, un journal (*le Petit Bleu*) m'avait fait parler et m'avait prêté des paroles qui ne traduisaient pas fidèlement ma pensée. Je lui adressai une rectification, et je m'expliquai dans les termes suivants :

« Notre Ligue n'a demandé à aucun de ses membres compte de ses sentiments politiques. Elle s'est fait un devoir de se tenir rigoureusement dans la lettre de son programme, qui est de prêter aide et assistance à tous ceux qui peuvent avoir à se plaindre d'actes arbitraires et à réclamer l'usage d'un droit naturel ou légal. Si des hommes, se disant anarchistes, se sont rencontrés avec nous dans les sentiments de justice auxquels nous faisons appel, nous n'avions point à les repousser et nous ne pouvions, au contraire, que nous applaudir de les voir se ranger à des idées qui sont le

patrimoine moral de la République. Nous
n'avions pas à regarder qui marchait à côté
de nous, mais vers quel but nous marchions.

« Je dois faire observer d'ailleurs, que
ceux dont vous pouvez citer les noms ne font
point partie de la Ligue, sur la direction de
laquelle ils n'ont, par suite, exercé aucune
action. Ils n'ont été que des compagnons de
hasard et de rencontre dans une campagne
où ils se sont fait honneur de s'engager avec
nous. Nous ne leur avons pas fait plus de
concessions qu'ils ne nous en ont fait eux-mêmes. Comment nous reprocherait-on aux uns
ou aux autres d'avoir ensemble défendu ce
que nous jugeons être les principes fondamentaux du droit et de l'humanité? »

Eh bien, Messieurs, je le demande, quel
est donc le républicain qui se lèverait pour
opposer à ces sentiments de fraternité humaine
l'esprit des saintes orthodoxies, qui prétend
créer des classes de réprouvés et interdire
tout commerce avec eux, même celui de l'apos-
tolat, de la bonne parole et du bon exemple?

Le reproche de nos fréquentations avec le
parti anarchiste n'a donc été qu'un pur prétexte aux poursuites dont nous sommes l'objet.
La vérité est que, dans la lutte poignante que
nous avons engagée contre toutes les puis-

sances déchaînées de l'erreur et du mensonge,
nous avons dû chercher à réveiller de sa tor-
peur une opinion qui sommeillait. Nous
n'avions pas de choix à faire. Il nous fallait
nous adresser non pas seulement à des amis
politiques qui restaient sourds, mais à quiconque avait une intelligence pour nous comprendre, un cœur pour s'émouvoir avec nous.
Comme St-Paul qui ne connaissait ni Grecs,
ni Juifs, nous n'avons connu ni catholiques,
ni mécréants, ni anarchistes, ni conservateurs,
ni capitalistes, ni pauvres hères : c'était à la
raison humaine que nous entendions parler,
et nous étions sur un de ces terrains où,
comme pour le suffrage universel, le nivelle-
ment s'établit et tous les hommes se valent.

Ainsi, Messieurs, il est bien certain qu'au
moment où nous avons été livrés à votre justice rien ne pouvait nous faire prévoir une
pareille rigueur, et maintenant que vous pouvez bien nous connaître, je puis aborder la
question de savoir ce que vous avez à faire de
nous.

Le ministère public demande la condamnation de M. Duclaux et de mes autres amis
en invoquant une jurisprudence qui serait,
d'après lui, en quelque sorte fatidique, et qui
ne nous permettrait pas d'échapper à ses ré-

quisitions. Je ne crois pas que la loi vous trace l'obligation absolue qu'il suppose, et je vous demande la permission de vous soumettre, à mon tour, notre système de défense.

Je connais bien la jurisprudence en matière d'association illicite, mais je n'admets pas son caractère intangible, et je me figure que le droit vous est réservé d'en faire une application intelligente et plausible. C'est à deux points de vue différents que je me permettrai de discuter avec elle pour vous rappeler au texte de la loi.

Tout d'abord, Messieurs, est-il possible d'admettre qu'une poursuite correctionnelle s'exerce contre une association dont on a connu et toléré l'existence pendant sept ou huit mois sans qu'aucun fait nouveau soit venu expliquer et justifier le retrait subit de cette tolérance ?

On a dit : « La tolérance ne crée pas un droit » et, par conséquent, le gouvernement qui l'accorde n'a pas à motiver sa suppression. Sans doute, quand, ainsi que dans les affaires de l'Internationale ou de la Ligue des patriotes, il est notoire que la poursuite n'a pas été le résultat d'une pure fantaisie, mais qu'elle est commandée par la nécessité de sauvegarder l'ordre social. Si, au contraire, cette notoriété,

loin d'exister, est remplacée par la preuve
certaine qu'aucun intérêt public n'est en jeu,
la question ne prend-elle pas alors une autre
face ?

Je dis que, en pareil cas, une question de
bonne foi se pose et que la justice a le droit
de ne pas favoriser d'injustifiables surprises.

S'il convient au gouvernement de ne pas
appliquer certaines lois et de fermer les yeux
aux infractions qui_y sont avec son assenti‑
ment commises, il naît de la tolérance qui se
substitue au régime de la légalité sinon des
droits formels et explicites, au moins des
obligations morales auxquelles on ne saurait
se soustraire. Avant de frapper brutalement,
il est nécessaire d'avertir. C'est par mise en
demeure administrative qu'on aurait dû nous
demander de nous dissoudre, si le traité
tacite de tolérance sur la foi duquel nous vi‑
vions devait être rétracté, et ce n'est qu'au
cas où nous aurions refusé de nous soumettre,
qu'on aurait pu alors régulièrement saisir la
justice. Sans mise en demeure préalable, l'ac‑
tion est prématurée parce qu'elle est comme
une sorte d'atteinte à une promesse donnée.

Me dira-t-on que le résultat aurait été le
même ; qu'on ne nous a fait aucun grief ; que
mis en demeure par le ministère de l'Inté‑

rieur d'avoir à disparaître, nous aurions bien
dû nous exécuter, et que par suite, notre
plainte est exagérée? Je réponds que la question ne peut se poser ainsi.

Non, une mise en demeure administrative
n'eût pas nécessairement produit cette conséquence. Elle eût mis en jeu la responsabilité
ministérielle; elle eût permis des explications
devant le Parlement, et rien ne prouve qu'elle
eût pu être maintenue.

Croyez-vous, Messieurs, que nous n'eus-
sions pas donné à réfléchir s'il nous eût été
possible de faire comprendre aux Chambres
la gravité de la mesure prise à l'encontre
d'nne association qui a pour objet la défense
des Droits de l'homme quand, à côté, nous
aurions pu montrer, continuant à bénéficier
de la tolérance du pouvoir, dix autres sociétés
tout aussi irrégulières que la nôtre et
dont quelques-unes, comme par exemple la
fameuse société du Gésù, sont des foyers
de conspiration contre la République ?
(Murmures suivis de rires d'approba-
tion.)

Pensez-vous qu'on ne serait pas ému de
voir recourir aux dispositions de l'article 201
du Code pénal, au moment même où le ministère met à l'étude des projets de loi pour

une organisation nouvelle et plus libérale du droit d'association?

Quelle est donc cette contradiction ou plutôt cette incohérence? Eh quoi! on nous annonce sans rire le désir de travailler à l'extension de la liberté en affranchissant les associations de la vieille tutelle administrative, et c'est à ce moment même qu'on condamne à mort une société comme la nôtre! Se trompe-t-on soi-même ou ne donne-t-on aux autres que de l'eau bénite de cour?

Il est impossible que vous ne sentiez pas, Messieurs, la portée de ces critiques, et ce sont elles qui vous expliquent pourquoi l'action administrative a tenu à se masquer derrière la vôtre.

Avec des poursuites judiciaires, on pouvait, pour refuser de nous répondre, se retrancher derrière le principe de la séparation des pouvoirs, et c'est pourquoi on vous a demandé vos bons offices. *(Murmures d'approbation.)*

La question est de savoir si, dans une situation aussi exceptionnelle, vous ne devez pas préférer rendre un jugement plutôt qu'un service? J'estime que vous ne feriez que vous honorer en affirmant votre indépendance et en opposant au texte rigoureux de la loi qu'on a laissé volontairement dormir pendant six mois, les effets quasi contractuels d'un régime de bienveillance qui ne doit pouvoir cesser que lorsqu'il a été expressément dénoncé par ceux qui ont consenti à le créer.

A cette première cause du rejet de la poursuite, j'en dois ajouter une seconde.

La jurisprudence admet, je le sais, qu'il n'est pas nécessaire pour prononcer la dissolution d'une association illicite d'appeler en cause tous les membres de cette association; qu'il suffit d'en citer quelques-uns, et que ceux-là ne peuvent exciper pour se défendre de ce qu'on n'a pas soumis au même traitement leurs collègues.

Je n'irai point à l'encontre de cette solution si je l'envisage dans ses termes généraux. Nous étions une douzaine de mille de ligueurs ayant eu voix au chapitre, et je conviens que ce serait être bien exigeant que de demander des poursuites individuelles contre chacun des membres de cette petite armée. Mais je demande une interprétation raisonnable de la loi, car les tribunaux n'ont pas le devoir de rendre, dans l'application qui leur est confiée, la loi déraisonnable.

Ce n'est pas l'intérêt, le calcul, le caprice, qui peuvent désigner ceux des représentants de l'association illicite qui doivent être pour-

suivis pour que la demande en dissolution
soit recevable. Il faut une règle, et, aussi
bien, cette règle est posée par la loi.

Ce sont les chefs, directeurs et administrateurs, dit la loi, qui encourent les responsabilités, et c'est donc à leur égard que la poursuite doit être exercée.

Or, quels sont ici les chefs, directeurs et
administrateurs, contre lesquels on aurait dû
agir ?

Ce sont les 36 membres du comité que les
statuts désignent comme ayant eu en mains
tous les pouvoirs directeurs, et qui n'ont cessé
de se reconnaître solidairement responsables.

Nous aurions pu les citer tous à la barre
pour établir cette reconnaissance, mais elle
résulte d'actes publics, qui suffisent pour la
démontrer. Ces actes, je les ai fait connaître
dans la question que j'ai posée à M. le garde
des sceaux au cours de la séance du Sénat
du 27 mars.

Voilà les chefs, directeurs et administrateurs qui devaient être en cause, et hors la
présence desquels l'instance est comme frappée
de caducité.

Ce n'est pas seulement le respect de la justice distributive qui aurait dû recommander
ce traitement d'égalité pour des situations

pareilles, c'est encore et surtout le devoir de
ne pas juger sur des éléments d'information
incomplets. Comment diviser les responsabilités et faire à chacun sa part individuelle si
tous ceux qui peuvent être responsables ne
sont pas là pour s'expliquer ?

Mais, Messieurs, il est surtout quelqu'un
dont l'absence dans un pareil débat est vraiment injustifiable ; c'est celui qui a l'honneur
de vous présenter ces observations et qui,
parmi les chefs directeurs et administrateurs,
a été au premier rang. Eh quoi ! j'étais le
président de la Ligue et j'en ai été réduit
pour couvrir mes amis et collègues à solliciter
l'honneur de présenter leur défense ! Je devais
partager leur sort et je fais office d'avocat !
Ce paradoxe peut amuser les esprits frivoles,
mais n'est-il pas une offense au droit que vous
ne sauriez tolérer ?

On m'a laissé entendre que, en m'épar-
gnant, on n'avait pas voulu saisir le Sénat
d'une demande en autorisation de poursuites.
Est-ce là une explication que vous puissiez
admettre ? L'immunité parlementaire serait-
elle donc pour le sénateur qu'elle couvre un
privilège d'impunité, ou plutôt serait-il permis à la justice de s'arrêter devant elle suivant ce que le gouvernement peut avoir à

redouter de la décision des assemblées qui en disposent ?

Non, Messieurs, ce n'est pas là le vrai respect de la loi qui peut donner autorité à vos jugements et confiance aux justiciables.

Aussi bien, je vous fais remarquer que, dans son réquisitoire introductif d'instance, M. le Procureur de la République avait formellement réclamé l'ouverture d'une instruction contre tous chefs et administrateurs de notre Ligue. J'étais incontestablement visé par ce réquisitoire et en toute première ligne. Si l'instruction requise n'a pas été étendue jusqu'à moi, c'est qu'elle reste incomplète, et jusqu'à ce qu'elle soit complétée il semble que les poursuites prématurément engagées sont frappées d'une irrecevabilité qu'il vous appartient de proclamer.

Telles sont, Messieurs, nos conclusions. Je les confie à vos réflexions et je souhaiterais vivement qu'elles pussent vous épargner le regret d'avoir à prononcer des condamnations contre des hommes qui méritent bien plutôt l'estime et la reconnaissance de leurs concitoyens que des pénalités qui semblent à leur égard une amère ironie.

Nous approchons du moment où il ne sera plus permis à personne de le méconnaître.

Puisse-t-il alors ne pas être trop tard pour éviter au pays une nouvelle erreur qui viendrait s'ajouter à tant d'autres. N'est-ce pas assez, Messieurs, pour la rançon de la vérité, que l'exil de l'écrivain illustre qui a voulu la mettre en marche à ses risques et périls? N'est-ce pas assez que la captivité si abusivement prolongée du prisonnier qui, en quittant l'uniforme, n'a point cessé de servir son pays, puisqu'il reste le soldat de la Justice et du Devoir?... *(Murmures suivis de vifs applaudissements.)*

M. LE PRÉSIDENT. — Si des manifestations semblables se reproduisent, je ferai vider la salle.

M. TRARIEUX. — Et il m'est impossible de ne pas rappeler encore la maladie de Scheurer-Kestner, abreuvé d'amertume; la spoliation inique que Grimaux a soufferte; les injustices de toutes sortes qui se sont abattues sur chacun de nous... Tout cela, Messieurs, n'est-il pas suffisant? Faudrait-il encore de nouvelles victimes et de nouveaux sacrifices? Sera-t-il dit qu'à la veille de la grande réparation qui se prépare et qui est devenue inévitable, tous ceux qui l'ont voulue et qui s'y sont dévoués auront vu encore s'appesantir sur eux la main de la loi?

Oh! Ce n'est point que je redoute pour un stoïcien de la trempe morale de Duclaux et pour nos quatre autres amis une amende dérisoire. Qu'est-ce qui pourrait atteindre ces âmes vaillantes, ces consciences tranquilles, ces volontés énergiques, prêtes à rebondir le lendemain du jour où on aurait cru les abattre ? Vous sentez bien, Messieurs, qu'elles sont au-dessus des répressions qui pourraient les frapper.

Mais c'est à la patrie que je songe ; je songe au pays, et mon cœur saigne de penser que l'on maintienne encore le bandeau sur ses yeux. Assez d'erreurs, assez de fautes commises, assez de résistances vaines, assez, dirai-je, de crimes, de fourberie, de mensonges, de faiblesses complaisantes. Il faut en finir avec ces épaisses ténèbres dans lesquelles nous vivons depuis trop longtemps. Ne décourageons pas du devoir civique, de la vertu, des initiatives courageuses en frappant à coups redoublés ceux qui, aux heures difficiles de notre vie nationale, donnèrent l'exemple de la force d'âme, de la virilité et du caractère.

Ce n'est pas seulement la justice que je réclame pour eux. Il faudrait, pour l'enseignement de la jeunesse, les entourer d'admiration et de respect. On a parlé des traditions de la patrie française. Nous aussi, nous sommes jaloux de ces traditions, fièrement jaloux de les conserver; mais la tradition comme le génie de la France, ainsi que l'atteste son histoire, sont dans l'amour final de tout ce qui est juste, bon, noble et généreux ! Le triomphe pourra suivre de près la police correctionnelle pour la Ligue des Droits de l'homme et du citoyen ! *(Vifs applaudisse-ments.)*

LE PROCÈS DE GYP

Messieurs,

Je remercie tout d'abord M. le Président
d'avoir bien voulu me permettre de me présenter en personne à cette barre. J'avais à
cœur — comme quelqu'un qui n'a rien à
craindre du grand jour — de venir expliquer
moi-même pourquoi j'ai intenté ce procès et
quelle importance j'y attache.

J'ai souvent, Messieurs, bien souvent été
diffamé, injurié, calomnié au cours de ma vie
politique, et jusqu'ici j'avais cru n'avoir
qu'à répondre par le mépris ou par des explications rectificatives aux attaques dont
j'étais l'objet. Je serais sans doute resté armé
jusqu'au bout de cette philosophie si Mᵐᵉ de
Martel, prenant rang parmi mes adversaires
les plus passionnés, n'était venu me mettre

en quelque sorte en demeure de recourir à la loi, par la gravité particulière de ses imputations, par la précision qu'elle leur a donnée, par la forme même dont elle n'a pas craint de les revêtir.

Ce n'est plus, Messieurs, dans une feuille éphémère, dans un journal quotidien, que je me suis vu pris à partie, c'est dans un livre qui se croit sans doute assuré de longues destinées. Ce ne sont plus les actes de ma vie publique qui ont été mis en question, ce sont les faits les plus intimes de ma vie privée ; ce ne sont plus les nécessités courantes de la polémique qui peuvent excuser la violence ou l'erreur de la critique ; c'est froidement, de gaité de cœur en quelque sorte, que j'ai été visé au point le plus sensible de mon honneur et signalé au mépris de mes concitoyens.

Ce cas était trop nouveau, le danger était trop réel, la durée possible de l'atteinte portée à mon honneur me paraissait trop illimitée pour qu'il me fût possible de laisser faire encore, de laisser passer, et il m'a semblé que mon devoir était de recourir à la justice.

En venant vous demander une réparation, je n'ai pas à vous exposer des faits bien compliqués ; ils sont des plus simples, et d'un mot je pourrais vous les faire connaître, si je n'avais à me préoccuper en même temps des diversions auxquelles Mme de Martel cherche à recourir pour colorer sa défense. Mais j'abrégerai autant qu'il me sera possible cet exposé de faits, car je tiens, Messieurs, à ce que vous n'ayez à vous préoccuper d'autre chose que de la diffamation même dont je vous demande la réparation.

Cette diffamation la voici dans son expression exacte et dégagée de toute amplification.

Au cours des vacances dernières un membre de ma famille crut devoir appeler mon attention sur un volume qui venait d'être édité chez Flammarion : *Le Journal d'un Grinchu*, auteur Mme de Martel sous le pseudonyme de Gyp. Il me fut dit que mon nom était fréquemment indiqué dans cet ouvrage et que j'y étais représenté sous un jour abominable. J'ai pris la peine de lire et je me suis rendu compte, en effet, que le *Journal d'un Grinchu* n'était autre chose qu'un pamphlet des plus diffamatoires contre un certain nombre de personnages qui avaient pu prendre part à la discussion des grands évènements de cette année.

L'auteur me faisait jouer un des principaux rôles et mon portrait y était mis au point pour me rendre aussi répulsif que possible au lecteur qui ne me jugerait que sur ses simples renseignements. Il me sembla, Messieurs, qu'il ne m'était pas possible de laisser libre cours à la calomnie qui tombait sous mes yeux. Je ne la cherchai pas, d'ailleurs, à toutes les pages où j'aurai pu la rencontrer. Je me bornai à la saisir dans un passage essentiel, celui sur lequel repose mon assignation du 31 octobre dernier et que j'entends seul retenir encore à cette audience.

C'est à la page 242-243 du *Journal d'un Grinchu* que se lit, Messieurs, ce passage :

Le *Figaro* annonce que M. Scheurer-Kestner va saisir le garde des sceaux de l'affaire Dreyfus. D'autre part, M. Trarieux est entré en danse. On croit même que c'est lui qui a fait marcher M. Scheurer-Kestner. Tous font partie de ce que Drumont appelle très justement le syndicat Dreyfus, enrégimenté et dirigé par Joseph Reinach.

M. Trarieux est protestant (encore un !) mais non pas protestant de naissance. C'est, — dit la chronique, — un vulgaire renégat. Autrefois catholique, il se convertit en vue d'un mariage avantageux.

Telle est, Messieurs, la calomnie contre laquelle j'ai cru devoir venir protester à cette audience, que je vous dénonce, et pour laquelle j'espère obtenir la réprobation de votre justice.

Cette calomnie repose sur deux imputations : la première, c'est que je me suis converti au protestantisme et que je suis un renégat. La seconde, c'est que cette convertion au protestantisme a été déterminée par la considération d'un mariage avantageux que je ne serais pas parvenu à contracter sans elle.

Je suppose, Messieurs, que la simple énonciation de ces faits vous fait suffisamment comprendre la blessure profonde que j'en ai ressentie et l'atteinte grave qu'a pu en recevoir mon honneur. Je vous demande la permission, sans y insister trop longuement d'ailleurs, de vous dire ce que j'en ai pensé moi-même.

En me signalant comme un renégat vulgaire, qu'a donc voulu laisser croire Mme de Martel? Le mot seul dans son sens ordinaire et courant le dit assez : elle a voulu répandre l'idée que j'étais un homme sans conscience, prêt à sacrifier au calcul de l'intérêt ses plus chères convictions. Le renégat n'est-il pas

le menteur, l'hypocrite et le traître qui change
de masques suivant les circonstances et dont
les variations d'opinions se calculent au taux
de l'intérêt? Je suis ce menteur, je suis cet
hypocrite, je suis ce traître ; il n'est donc
pas extraordinaire de me voir figurer au
nombre des membres du syndicat de trahison !

Mme de Martel ne s'est pas bornée à l'énonciation de ce fait, elle l'explique et l'explication qu'elle en fournit lui donne un caractère
encore bien plus diffamatoire.

Si j'ai renié ma religion primitive et si je
me suis fait protestant, si je suis devenu
renégat, ce n'est pas par un mobile insigni-
fiant et banal, c'est par le calcul le plus infâme, c'est pour faire un mariage avantageux; voilà comment je suis entré dans la vie,
trompant même celle à laquelle j'ai donné
mon nom, et qui du même coup se trouve,
elle aussi, éclaboussée par cette perfide imposture.

Comment, Messieurs, ne pas me préoccuper d'une calomnie pareille? Est-il donc
une action plus vile et plus basse que celle
qui m'est reprochée en dehors de la liste
des crimes ou des délits ; et si je laissais
passer cette imputation, si l'on pouvait dire

que ne la contredisant pas, je suis obligé d'en
reconnaître l'exactitude, est-ce que l'estime
des honnêtes gens ne devrait pas s'écarter de
moi ? Que resterait-il de mon caractère, que
resterait-il de ma bonne foi ? Je ne pouvais
souffrir que des allégations de cette sorte
fussent colportées plus longtemps dans le
pays, pussent atteindre et salir ma personne
morale ; il m'a semblé que je devais à tous
ceux auxquels j'appartiens, à ma famille, à
mes amis, que je me devais à moi-même
de les poursuivre à la lumière d'un débat
public.

C'est bien, en effet, Messieurs, une calomnie
audacieuse que je suis venu vous dénoncer ;
il n'y a pas un mot de vrai, pas un mot d'exact
dans tout ce qu'il a plu à Mme de Martel d'ar-
ticuler.

Protestant, je pourrais l'être, et, si je l'é-
tais, je n'aurais assurément aucun embarras à
le reconnaître et à l'avouer. Mais protestant je
ne le suis pas, je ne l'ai jamais été, et je n'ai
jamais été tenté de le devenir. Il est donc
faux que je me sois converti au protestantisme ; il est donc faux que je sois un renégat,
il est faux que j'aie eu aucun sacrifice à consentir pour contracter mon mariage.

Sans doute, Messieurs, ce mariage a sous

tous les rapports comblé mes vœux, mais il est faux encore que ce mariage m'ait apporté la fortune et vous pourrez voir par le contrat qui en a réglé les conditions et qu'on m'oblige à communiquer...

Me Chenu. — J'ai déclaré que je ne voulais pas le voir...

M. Trarieux. — Il est possible que vous n'ayez pas voulu voir mon contrat de mariage et que vous vous soyez contenté, mon confrère...

Me Chenu. — Je ne suis pas votre confrère...

M. Trarieux. — Mon ancien confrère, et que vous vous soyez contenté des indications qui vous ont été données ; je ne parle pas de la communication qui vous a été faite à vous-même, je parle de la communication que j'en devais à la justice.

Car enfin je pense bien qu'il fallait ici une défense sérieuse, qu'il fallait une défense à fond. Mme de Martel m'obligeait à dévoiler tout mon passé et rien ne devait être ignoré de mes juges.

Je dis donc, Messieurs, que mon mariage ne m'a point apporté la fortune. Mon contrat constate des conventions matrimoniales dans lesquelles les intérêts qui sont rapprochés s'équivalent.

Tout est invention, tout est mensonge dans le récit ou j'ai été si impudemment mis en scène.

Et alors, Messieurs, je demande à Mme de Martel comment elle a été entraînée à produire contre moi des allégations de cette nature, quelle excuse elle peut avoir à présenter, et quelle atténuation même elle aurait à invoquer pour son acte?

Mme de Martel m'indique dans ses conclusions le système de défense qu'elle entend vous présenter. Elle semble avoir réfléchi à la faute qu'elle a commise et les explications qu'elle me donne sont comme une sorte de retraite, et ce qui pourrait s'appeler la plaidoirie des circonstances atténuantes.

Elle signale, tout d'abord, que j'ai été à maintes reprises l'objet des attaques les plus violentes et les plus passionnées et elle s'étonne que j'aie attendu la publication du *Journal d'un Grinchu* pour sortir de ce qu'elle appelle « ma sage indifférence ».

Elle comptait sur ma sage indifférence; elle s'étonne que j'en sorte, et, pour me rafraîchir la mémoire, elle me communique une liasse volumineuse de journaux dans lesquels je retrouve les injures, les outrages, les diffamations diverses qui, dans ces dernières années de ma vie politique, ont pu me poursuivre.

Je ne pense pas, Messieurs, que j'aie à suivre dans le détail chacune des imputations qui peuvent se rencontrer dans toutes les polémiques auxquelles mon nom a pu être mêlé. Je n'ai qu'à m'expliquer sur mon procès et je n'ai point à me défendre rétrospectivement contre des attaques dont la responsabilité ne remonte pas à Mme de Martel. Je pense qu'il me suffit de répondre à mon adversaire que j'ai usé de mon droit comme il m'a convenu pendant la longue patience que j'ai montrée à l'égard de certains diffamateurs, mais que cette patience n'a pas du tout été un encouragement que j'ai entendu donner aux diffamateurs. Je pense que la loi n'est pas tombée pour moi en désuétude parce que je n'en ai pas fait usage toutes les fois que j'en aurais pu avoir le droit. Je pense que je suis seul juge du point de savoir quand, comment, et dans quelles conditions je peux avoir à invoquer la loi et recourir à la justice.

Je ne suis pas embarrassé d'ailleurs pour expliquer à Mme de Martel les raisons véritables de la différence d'attitudes qu'elle relève et qu'elle constate.

Si j'ai pu, lui dirai-je, longtemps me borner

à relever par de simples réponses les polémiques outrancières, par exemple de la *Libre
Parole* ou de l'*Intransigeant*, c'est qu'en vérité elles me paraissaient de peu d'importance.
Mais, au contraire, son incursion indiscrète
et déloyale dans ma vie privée, dans ma vie
de ménage, m'a été odieuse et m'a semblé
intolérable. Je puis ajouter et lui dire encore
qu'avec le journal il est possible d'exercer
un droit de rectification, mais la rectification
est illusoire, avec le livre, et il n'y a de possible avec lui que l'action judiciaire, car le
livre se masque, le livre s'éternise sur les
rayons des bibliothèques et parvient à braver
et à déjouer avec le temps même l'autorité
oubliée des arrêts. Voilà, s'il fallait à Mme de
Martel une explication, celle que j'aurais à
lui fournir, mais je le répète, elle n'a aucun
compte à me demander de ma conduite. Ce
n'est pas à elle de m'interroger ; elle n'est ici
que pour me répondre. Le jour où j'invoque
la loi, le juge ne se pose qu'une question :
cette loi s'applique-t-elle ?

Mme de Martel cherche une seconde excuse,
et celle-ci montre bien qu'à la réflexion elle
sent la grande imprudence qu'elle a commise.
« Mais, dit-elle dans ses conclusions, je ne
me suis pas portée garante de la vérité, de

20

l'exactitude des imputations que me reproche
M. Trarieux; je ne parle que par ouï-dire et
j'ai eu soin d'indiquer dans le passage du
livre qui m'est reproché, que c'était « d'après
la chronique » que je présentais sur M. Trarieux les observations dans lesquelles il s'est
cru diffamé. Je ne suis donc qu'un écho et si
l'écho s'est trompé c'est à celui qui l'a fait se
tromper qu'on ferait mieux de s'en prendre ».

Messieurs, est-ce là vraiment une explication? Je serais tenté de dire que c'est une
aggravation. Il est en effet bien plus grave
pour moi d'être diffamé sur la foi de la chronique, que si je l'avais été sur la foi d'un
témoignage unique, sur le témoignage isolé
de Mme Martel.

De quoi ai-je à me préoccuper en effet? De
l'impression que produira sur l'esprit du lecteur le *Journal d'un Grinchu*, et n'est-il pas
vrai, n'est-il pas évident que cette impression
sera plus forte si elle résulte de la croyance
généralement accordée à ce qu'on appelle la
rumeur publique? Si l'on peut penser que
c'est la chronique, la légende qui parle, la
diffamation n'est-elle pas plus dangereuse,
plus redoutable pour moi que si elle n'a pour
caution que l'autorité personnelle de Mme de
Martel?

Je tiens à ajouter d'ailleurs, parce que cela
est l'évidence, et je le dis sans exagération,
je tiens à ajouter que je ne concède pas à
Mme de Martel qu'en invoquant la chronique
et en parlant d'après elle, elle ait pris une
précaution qui eût été de sa part un acte de
prudence et de circonspection à mon égard.
Non, cela n'est pas exact. Quand elle a
invoqué la chronique, la vérité est qu'elle a
voulu ajouter à la portée de ses propos.

Comment, en effet, Mme de Martel peut-
elle sérieusement soutenir qu'il existe une
chronique, qu'elle ne fait que reproduire son
témoignage, et qu'avant elle la légende existait ? Est-ce qu'en effet elle est couverte par
ce que nous pourrions appeler une chronique?
C'est pour la première fois que j'en vois l'indication dans son ouvrage.

Où donc est-elle cette chronique, d'où
vient-elle, où en rencontrerons-nous les traces ? Ah, j'entends bien que dans ma liberté
et dans l'accomplissement d'un acte dont, je
suppose, je n'ai pas à rendre compte à Mme de
Martel, j'ai épousé une protestante ; j'entends
bien que mes enfants sont élevés dans la religion de leur mère ; j'entends bien que je
suis moi-même détaché de la pratique du
culte catholique depuis ma vingtième année,

et qu'il peut résulter de tout cela, pour certaines personnes qui se préoccupent de savoir quelle est l'opinion, quels sont les sentiments religieux du voisin, une cause d'erreur et de confusion. Oui, j'accepte qu'il n'est pas impossible que l'on ait pu croire qu'à l'exemple des autres membres de ma famille j'appartenais au culte protestant; mais aussi bien ce n'est pas d'une pareille erreur que j'aurais eu sérieusement à me plaindre. Il n'est pas infamant d'être protestant, et reprocher à quelqu'un son protestantisme n'est point l'outrager ou le diffamer.

Mais Mme de Martel ne s'est pas bornée à partager une pareille erreur, si d'autres ont pu la commettre. Elle a dit que j'étais un renégat, un renégat vulgaire. Elle a associé à l'idée de ma conversion au protestantisme, une idée d'apostasie indigne, une pensée de calcul qui est pour moi un outrage sanglant. Elle a prétendu que je m'étais fait renégat pour contracter un mariage avantageux. Eh bien où est la chronique qui a dit cela? Je mets au défi Mme de Martel de trouver, dans le département de la Gironde tout entier, une seule personne qui prenne cette prétendue chronique à son compte et ose la soutenir.

Mais, s'il en existait l'apparence, je la con-

naîtrais bien sans doute. Depuis vingt ans
ma carrière politique s'est déroulée dans ce
département; j'ai eu de nombreuses campagnes à y soutenir contre des adversaires qui
ne m'ont pas épargné. S'il y avait eu dans
mon passé un acte aussi blâmable, il n'aurait pu manquer d'arriver qu'on me le repro-
chât. Eh bien, jamais je n'en ai ouï parler,
et c'est pour la première fois que j'entends
Mme de Martel me l'imputer. Récemment
encore, il y a moins de deux ans, est-ce qu'un
fait pareil n'aurait pas empêché ma réélection
au Sénat, alors que j'ai eu l'honneur, sur
une liste de cinq membres, d'arriver le second
au scrutin de 1897, avec 888 suffrages, quatre
de moins que le premier élu?

Je proteste donc avec indignation parce
que je ne crois pas à la bonne foi de l'excuse
alléguée. Non, jamais la chronique imaginaire de Mme de Martel n'a existé autour de
moi; jamais avant son livre il n'en était venu
jusqu'à mes oreilles la moindre indication;
jamais je n'avais été mis en demeure de m'en
défendre; il est impossible qu'on en fournisse
à cette audience une preuve précise, sérieuse,
positive.

Je sais bien, il est vrai, que l'on tentera cette
preuve, et que l'on m'apportera deux articles

de journaux, l'un de la *Libre Parole*, l'autre de l'*Express du Midi*, dont Mme de Martel invoque l'exemple. Je ne serai pas embarrassé pour y répondre, mais comme ils mettent en scène, à mes côtés, quelques membres de ma famille, je répugne à les discuter moi-même. Sur des faits aussi intimes j'ai cru ne pouvoir m'expliquer en personne ; vous voudrez bien me permettre de laisser ce soin à Me Labori qui m'assiste et qui a bien voulu, dans la partie délicate de ma défense, me servir de porte-parole. Je sais tout ce que je puis attendre de son concours et je le remercie en passant d'avoir bien voulu venir m'assister, à cette audience et accepter ce rôle de second dans lequel l'avocat s'oublie pour laisser surtout place à l'ami. Il vous dira ce que peuvent être les imputations relevées dans les deux misérables articles où Mme de Martel prétend chercher la trace de son imaginaire chronique. Quant à moi je me borne à cette affirmation que jamais de ma vie, jusqu'au jour où le *Journal d'un Grinchu* est tombé sous mes yeux, je n'avais soupçonné que quelqu'un eût eu la pensée d'attribuer mon mariage à des calculs d'intérêt. Il a fallu le roman de Mme de Martel pour appeler mon attention sur cette basse attaque. Cependant,

tout en réservant jusqu'à ce que Mᶜ Labori-
y revienne, la discussion de la bonne foi de
mon adversaire, il m'est permis de faire
observer que, cette bonne foi, fût-elle prou-
vée, ne serait pour elle qu'une atténuation
relative, car affirmer un fait diffamatoire
sur la responsabilité d'un autre est aussi
bien diffamer que de le faire sous la sienne
propre.

Reprenant les conclusions de Mᵐᵉ de Martel, qu'y vois-je encore? On m'y reproche
d'avoir été bien long à me plaindre, et on
insinue que par mes hésitations j'aurais semblé
trahir une sorte d'incertitude sur le bien fondé
de mon droit. On me communique, en outre,
deux lettres qui paraissent vouloir établir, à
mon désavantage, une comparaison entre la
conduite de deux de mes amis et la mienne.
M. Leblois et M. Gabriel Monod ont été,
comme moi, maltraités par le *Journal d'un
Grinchu*, et ils se seraient contentés, paraît-
il, de protester au moment où, pour la première fois, ce journal avait paru, non pas
sous la forme du livre mais dans les colonnes
de la *Vie parisienne.*

Comment, me dit-on, n'avez-vous pas imité
ces Messieurs; comment, au moins, sachant
que le roman avait été publié dans la *Vie*

parisienne, n'avez-vous pas saisi la justice plus tôt ?

Messieurs, ma réponse est bien simple : la communication qui m'est faite du numéro du journal *La Vie parisienne* où a été publié en effet, paraît-il, le *Journal d'un Grinchu*, aussi bien que la communication des lettres de M. Gabriel Monod et Leblois me sont entièrement inopposables.

J'ai peut-être le grand tort de ne pas lire assidûment la *Vie parisienne*, mais j'ignorais que le *Journal d'un Grinchu* eût été publié dans cette feuille, jusqu'au jour où son existence m'a été révélée par la lecture du livre sous la forme duquel il a été édité plus tard. Jusque-là le *Journal d'un Grinchu* était pour moi une œuvre inconnue, et je repète que je n'en ai eu pour la première fois connaissance que lorsque, peu de temps avant mon assignation, il me fut communiqué par hasard.

Quant aux lettres de MM. Leblois et Gabriel Monod, je n'ai point à les juger, mais je pense qu'elles n'ont pu engager que leurs auteurs. Je ne suis pas solidaire de ce qu'ils ont pu décider et, quelque confiance que j'aie en eux, je ne réponds que de mes actes. Si Mme de Martel voulait s'assurer de ma part l'impunité en publiant son volume chez Flammarion, elle n'avait qu'un moyen, c'était de me communiquer à temps son manuscrit et de me demander si j'entendais me résigner à ses attaques.

Mon droit reste entier tant que je n'y ai pas renoncé par un acte personnel.

J'arrive maintenant au dernier moyen de défense de Mme de Martel.

Ici vous me permettrez de ne pas analyser seulement; je crois devoir placer sous vos yeux les termes mêmes de son argumentation. Voici ce qu'elle dit dans le paragraphe final de ses conclusions :

Attendu que c'est par une interprétation abusive des mots employés que M. Trarieux peut voir une atteinte à son honneur dans la relation établie entre son mariage et son renoncement à la foi catholique; que les avantages les plus divers et les plus légitimes rencontrés dans un mariage projeté peuvent exercer sur le cœur et la conscience d'un homme une influence qui n'a rien d'attentatoire à son honneur; que M. Trarieux ne voudra certainement pas être seul à soutenir que son mariage ne présenterait pas la réunion de tous ces avantages...

Ainsi, Messieurs, Mme de Martel se défend d'avoir voulu me diffamer... Il n'y a pas seu-

lement que la chronique pour la couvrir, mais
là chronique n'est pas méchante; de quoi me
plaindrais-je? Mme de Martel n'a eu aucune
intention mauvaise à mon égard. Eh quoi!
dire que je me suis fait apostat, renégat pour
arriver à contracter un mariage avantageux,
mais quoi de plus naturel?... Est-ce que je
nierais les avantages moraux de mon mariage,
et n'est-il pas naturel que j'aie fait un sacrifice aux considérations diverses qui pouvaient rendre enviable pour moi la main de
celle que j'ai épousée?... Mais tout cela est
de la plus grande simplicité, et il semble en
vérité que je devrais, loin de me plaindre,
adresser des remerciements à Mme de Martel...

Eh bien, Messieurs, je regretterais infini-
ment, je l'avoue, d'avoir à faire disparaître
des conclusions de mon adversaire, de semblables excuses. Elles marquent son procédé,
elles soulignent la bonne foi de ses attaques,
elles montrent ce qu'il faut croire de la sincérité de sa pensée, de la droiture de ses
intentions. Ah! certes, je ne m'attarderai pas
à répondre à des raisonnements de cette nature bien dignes de compléter la collection
des *Provinciales*. Vour aurez à juger, Messieurs; vous aimez la clarté, la franchise, la
loyauté; cela suffit : vous apprécierez.

Oser prétendre qu'on n'a pas voulu me diffamer lorsqu'on m'a dit que j'étais un renégat vulgaire, qui a tout sacrifié à un mariage d'argent, mais c'est, il me semble, presque se moquer de la justice !

J'ai ainsi parcouru, Messieurs, les conclusions de mes adversaires et je me demande ce qui pourra rester de tout leur système de défense. En vérité, je me sens entièrement rassuré.

Cependant, à côté de ce que les conclusions ont pu dire, il me reste encore une question à poser. Est-ce que Mme de Martel pourrait avoir une raison plausible à donner de la brusque et violente agression dont j'ai été victime de sa part ? Là encore je cherche, et je ne trouve point.

Mme de Martel aurait-elle exercé par hasard contre moi des représailles ? Je n'ai pas l'honneur de la connaître même de vue; je n'ai jamais eu l'occasion de prononcer son nom en public; je n'ai dès lors pas pu lui fournir l'ombre d'un grief.

Qu'est-ce donc qui a pu la faire ainsi partir en guerre contre moi et la décider à faire si bon marché de mon honneur ? J'ai dit dans mon assignation que je n'en pouvais trouver qu'une explication : la passion, l'animosité, la haine politiques... Elle s'en défend, elle ne veut pas qu'il en soit ainsi. D'après elle, il suffit que j'aie appelé fréquemment l'attention sur moi par mon intervention dans divers actes de la vie publique, et particulièrement dans l'affaire qui la préoccupe, il suffit que je sois un homme politique pour qu'elle se soit crue autorisée à s'occuper de ma personne et à faire de moi le portrait qui lui convenait.

Eh bien, je dis non, cela ne suffit pas encore. On se l'expliquerait peut-être si dans ma vie publique j'avais, non pas même contre Mme de Martel, mais contre un autre, contre qui que ce soit, donné le premier l'exemple de la diffamation et de l'injure. On y pourrait être indulgent si on pouvait dire qu'une fois dans ma vie j'ai, moi aussi, pris à partie quelqu'un dans sa vie privée; mais il faut précisément que je me sois fait une loi, un devoir étroit, de toujours écarter des discussions politiques ce qui pouvait être une attaque personnelle. On peut fouiller dans mes discours ou mes écrits. Il n'est jamais sorti de mes lèvres, tombé de ma plume une parole violente, un mot blessant, un propos que n'expliquassent pas les nécessités des discussions auxquelles j'ai pu être mêlé.

Je ne pense pas d'ailleurs que si, comme

homme public, j'ai pris part aux polémiques des partis, si dans l'accomplissement de mes actes politiques j'appartiens à l'opinion, je ne pense pas, dis-je, que les publicistes, les journalistes, ceux qui se donnent la mission d'éclairer l'opinion, et peuvent s'occuper de ma personne, aient le droit de me calomnier.

Et quand Mme de Martel me calomnie, sa responsabilité est d'autant plus lourde, qu'elle n'a rien fait pour s'instruire de la vérité alors que rien n'eût été plus simple pour elle et plus facile que d'éviter l'erreur, le mensonge dans lesquels elle s'est trouvée tomber.

Elle a dit que j'étais un protestant converti; mais enfin, Messieurs, avant de se permettre une allégation aussi grave, que ne s'est-elle renseignée? On ne devient pas protestant sans le manifester par quelque acte public et l'adhésion au protestantisme est plus aisée à contrôler encore que l'adhésion au catholicisme lui-même. Quand on est protestant, on est membre d'une église qui repose sur le système électoral. Il y a des listes d'électeurs où tous les protestants figurent, c'est la liste électorale qui sert à la nomination du consistoire. Ai-je jamais figuré sur les listes électorales des paroisses protestantes de Bordeaux ou de Paris?

Ainsi, Messieurs, sur tous les points, la conduite de Mme de Martel est pour moi, je ne dirai pas inexplicable, elle ne s'explique que trop, mais inexcusable. Elle a cédé à la passion de son entourage; et elle a aggravé par la précision de ses diffamations tout ce qu'elle pouvait tenir de ouï-dires calomnieux, avidement recueillis par elle sans aucun souci de la vérité.

Je pourrais peut-être ajouter, allant plus loin, que Mme de Martel a été en outre d'une singulière imprudence en s'associant pour me combattre à ceux qui ont essayé d'une sorte de terreur pour étouffer des revendications de justice et de droit... Mais je tiens à ne pas faire entendre dans cette audience une seule parole qui s'écarte des nécessités de ma défense; je ne suis pas venu ici pour justifier ma conduite politique qui échappe au jugement de ceux qui m'écoutent. Il me suffit de faire remarquer que c'était pour Mme de Martel une témérité bien grande que de se lancer en aveugle dans une mêlée où au lieu de voir par ses propres yeux elle n'a su être que l'écho des passions et des haines dont elle s'est fait l'instrument.

Messieurs, je pourrais conclure, s'il ne me restait à dire un mot encore pour expliquer

pourquoi j'ai cru devoir assigner Mme de
Martel devant votre juridiction plutôt que
devant la juridiction correctionnelle, à laquelle elle aurait pu également appartenir.

J'en ai eu, Messieurs, deux motifs. Le premier tout d'abord c'est que si la qualité de
femme de Mme de Martel ne pouvait l'affran-
chir de la responsabilité du préjudice qu'elle
m'a causé, j'y voyais cependant une considération de ménagements et d'égards. Je n'aurais pas voulu qu'il résultât pour elle de mon
procès un casier judiciaire.

Il y a aussi une seconde raison de logique
et de fidélité aux opinions que j'ai soutenues
toute ma vie, ma vie politique j'entends.
J'ai toujours pensé que la véritable répression des diffamations et des calomnies n'était
ni dans l'amende ni dans l'emprisonnement,
mais dans la réparation par voie de dommages-intérêts du préjudice causé.

En 1890 un projet de loi était déposé au
Sénat tendant à correctionnaliser les délits
de presse justiciables de la Cour d'assises. Je
combattais cette proposition comme un recul
des principes de liberté, mais en même temps
je présentais un amendement dans lequel je
demandais qu'on ouvrît dans l'avenir l'action
civile, même pour les délits susceptibles

d'aller devant la Cour d'assisses. Voici,
Messieurs, — vous me permettrez cette courte
citation, — ce que j'avais l'honneur de dire :

Oui, ma conviction est que dans bien des cas
nous sommes trop portés à exagérer le danger des
critiques dont nous ne cesserons d'être l'objet.
J'ajoute d'ailleurs que, quoi que nous fassions,
que nous revenions à la police correctionnelle ou
que nous conservions le jury, nous sommes à une
époque et nous traversons un temps où toutes nos
précautions resteront illusoires et inutiles.

Je lisais, à ce sujet, il y a quelques jours dans
un journal des plus sages, ces réflexions qui,
quant à moi, me paraissent empreintes de raison
et que je vous demande la permission de placer
sous vos yeux :

« La répression par le jury et la répression par la
police correctionnelle seront également inefficaces
pour arrêter les abus de la Presse. Espérer retenir
celle-ci par des sanctions pénales est un enfan-
tillage... » Qu'on se rende bien compte une fois de
ce qu'est un journal. Aujourd'hui, c'est une in-
dustrie et un commerce ; un journal qui gagnera
de l'argent à injurier et à calomnier injuriera et
colomniera malgré toutes les pénalités de la Cour
d'Assises et du Tribunal correctionnel. L'amende
et la prison ne signifient plus rien, car dans le
journalisme, outre qu'elles n'atteignent jamais le
coupable, elles n'entachent pas l'honneur.

Voulez-vous sérieusement arrêter ce commerce d'injures et de fausses allégations, arrangez-vous de façon que ceux qui le pratiquent n'y trouvent plus de bénéfices.

Je disais, Messieurs, au danger qu'on me dénonce, il n'y a qu'un remède : ce sont les dommages-intérêts, et c'est la juridiction civile qui tient le remède en mains.

Si j'ai rappelé, Messieurs, ces réflexions, c'est qu'elles me semblent la justification de ma procédure et en même temps le couronnement de ma plaidoirie.

J'ai prouvé que Mme de Martel avait obéi aux passions et à la haine politique ; mais en même temps il faut aussi voir l'autre mobile, et non le moins important de son acte : elle a conclu un marché ; il y a eu pour elle la question du profit à tirer d'une entreprise d'imprimerie et de publicité.

Mme de Martel a-t-elle fait ce calcul, Messieurs ? Mais comment en pourrions-nous douter ? le titre même de son roman en est la preuve tout d'abord manifeste. Qui pourrait douter qu'en notant chaque jour dans le *Journal d'un Grinchu* les évènements qui intéressaient l'affaire passionnante du jour, qui pourrait douter qu'en prenant au passage tous les personnages qui pouvaient jouer un rôle dans cette affaire, en les caricaturant, en les ridiculisant, en les diffamant et les calomniant, elle sût bien qu'elle allait exciter la curiosité publique, soulever les passions mauvaises, et attirer à son œuvre un grand nombre de lecteurs.

Je n'ai pas, du reste, Messieurs, à vous faire l'analyse des autres parties du roman, mais vous le parcourrez. Vous y verrez tous les artifices savants d'une composition qui vise au scandale : à côté des faits divers de la vie quotidienne, des histoires de galanterie faites pour exciter toutes les curiosités qui peuvent préparer un succès de librairie. Il s'agit bien plus encore d'une entreprise de lucre que d'un pamphlet dicté par la passion.

Ce n'est pas tout. Le *Journal d'un Grinchu* a été vendu, une première fois, à un journal du demi-monde ; cela ne suffit pas à Mme de Martel. Il lui faut tripler son bénéfice, et son roman, qui a déjà paru dans la *Vie Parisienne*, est édité sous la forme d'un volume chez Flammarion. Eh bien, je dis, comme je le lisais dans le journal très sage auquel j'ai emprunté les paroles que je plaçais tout à l'heure sous vos yeux, je dis que la loi sur la diffamation serait d'une inefficacité manifeste si elle n'assurait pas, en pareil cas, au diffamé, une réparation faite pour donner à réfléchir aux diffamateurs. Il faut que le diffamateur ne receuille aucun bénéfice de son acte, si l'on veut décidément décourager la diffamation.

Personne ne pensera qu'en frappant à la caisse de Mme de Martel, je songe à m'enrichir ; je n'en ai point la pensée, mais je demande très sérieusement qu'à côté de la décision qui me vengera d'une imputation calomnieuse et que je n'ai pu tolérer, se trouve un dédommagement juste et légitime. Je demande Messieurs, tout d'abord l'allocation de dommages-interêts, dont j'abandonne à votre sagesse la fixation...

Me Chenu. — Le chiffre ?...

M. Trarieux. — Les conclusions sont sous les yeux du Tribunal et je ne crois pas nécessaire de donner à mes explications un développement plus ample. Je guide, du reste, ma discussion comme je l'entends.

Je demande, en second lieu, la suppression du *Journal d'un Grinchu* ; et pour assurer cette suppression, il conviendrait de m'accorder une sanction pénale pour chaque volume dont la vente viendrait à être constatée.

Je demande, enfin, l'insertion du jugement dans un certain nombre de journaux de Paris et de province. Cette publicité est nécessaire pour poursuivre aussi loin que possible les germes de diffamation qui ont été répandus un peu partout.

En m'accordant ces diverses demandes, aurez-vous vous-mêmes la certitude d'avoir effacé la blessure qu'a reçue mon honneur ? Vous ne pourrez pas me le promettre. Je crains bien, ou plutôt je suis sûr, que cette prétendue chronique me suivra tout le reste de ma vie et me survivra aussi longtemps que mon nom ne sera pas oublié. Grâce à Mme de Martel, je n'en ai pas fini avec la calomnie !

Je vous prie, Messieurs, d'y réfléchir au moment où vous aurez à rendre votre décision. Sachez voir le mal qui a été produit et ses inévitables conséquences.

La vie des hommes publics, déjà si tourmentée, serait véritablement à fuir si la justice les abandonnait à tous les outrages, à toutes les haines, à toutes les spéculations qui les peuvent assaillir, et j'espère que la

décision que j'attends de vous ne sera pas
pour eux, au milieu de tant d'autres, en ma
personne, une nouvelle cause de découra-
gement.

TABLE DES MATIÈRES

* 9 7 8 2 3 2 9 4 6 0 8 7 1 *